억만장자로
이끄는
경영혁신

황문선 지음

**중소기업이 성공하는 전략이 있다!
기업의 성공원리는 심플하다!**

기업혁신으로 성공하고 싶은가?
세계적인 회사로 성장하고 싶은가?
이 책에 성공 혁신의 비법이 담겨있다!

건우
미디어

차례

머리말 _ 꿈을 이루는 성공 혁신 ―――――――――― 7

다 같이 행복해지는 혁신 ·· 13
혁신은 이론이 아니라 실천이다 ······································ 20
혁신하려면 관점부터 바꿔라 ·· 27
성공을 부르는 지혜로운 혁신 ·· 35
경험에서 얻은 혁신의 비결 ·· 42
억만상자의 꿈을 꾸어라 ·· 48
꿈을 이루는 혁신의 길 ·· 53
성공하는 목표관리 비법 ·· 59
기세와 탄탄한 코어로 성공하라 ···································· 67
성공을 위해 도전하고 변화하라 ···································· 74
과감한 실행으로 혁신에 성공하라 ································ 80
관점 혁신으로 본질을 파악하라 ···································· 87
주원인과 부원인을 구분하라 ·· 94
천금 만금보다 강한 경청 ·· 100
최고의 리더십은 솔선수범 ·· 105

이제 '없다'라는 말을 멈춰라 ················· 112
'사람이 없다'라고 말하지 마라 ··············· 117
'돈이 없다'라고 말하지 마라 ················· 124
영업은 하는데 '제품이 없다?' ··············· 129
업무 회의에 '전략이 없다?' ················· 135
혁신하는데 '꿈과 비전이 없다?' ············· 141
열심히 일한 당신 이제 쉬어라 ··············· 147
업무 성과를 철저히 관리하라 ··············· 154
연봉은 차등 지급이 원칙 ··················· 160
인재육성의 비법은 130% ··················· 168
성공하는 직무 순환제도 ··················· 175
시간을 지혜롭게 관리하라 ················· 181
끝에서 시작해 과정을 맞추어라 ············· 187
자발적으로 일하게 하라 ··················· 192
돈을 벌려면 허수를 주의하라 ··············· 198
돈 먹는 품질 불량을 막아라 ················ 205
불용 재고는 깔고 앉은 돈이다 ·············· 212
실시간 현금 흐름을 관리하라 ··············· 218
중요도 순으로 업체를 분석하라 ············· 224
좋은 기업 이미지를 만들어라 ··············· 230
천재적으로 사업기회를 찾아라 ············· 236

"절대로 하지 말았어야 할 일을 효율적으로 하는 것만큼 쓸데없는 것이 없다."
(There is nothing so useless as doing efficiently that which should not be done at all.)

- 피터 드러커(Peter Drucker) -

[머리말]

꿈을 이루는 성공 혁신

　당신은 경영 혁신을 통해 성공하려고 하십니까? 이 책은 즐겁고 행복하게 경영 혁신을 만들어 주기 위해 쓴 책입니다. 힘들고 어렵게 혁신을 추진하면서 고통을 견뎌야 하는 혁신이 아닙니다.

　뉴스에서는 매일 기업하기 힘든 환경이라고 합니다. 경영 환경은 약육강식의 정글이 되어버렸고, 기업 모두가 살아남기 위해 발버둥 치는 세상입니다. 이젠 성장이 아니라 생존이 위협받습니다.

　그러나 정작 힘든 기업은 대기업이 아니라 중소기업입니다. 대기업은 자기들 나름대로 성장하고 발전하고 있습니다. 늘 힘들다고 떠들지만 그래도 그들은 생존 자체를 걱정하지는 않습니다.

　당신의 회사는 왜 힘들까요? 왜 힘들게 견뎌야 할까요? 왜 수년째 변화가 없이 같은 문제가 반복되는 것일까요? 나는 이 차이를 아는 것이 혁신의 시작점에 있다고 생각합니다.

나는 대기업과 중소기업을 오가며 회사 생활만 23년을 했습니다. 그저 평범한 직장인이었습니다. 부서장이 되어 조직을 이끌 때도 평범한 팀장이었습니다. 일상이 평범한 사람이었습니다.

그러나 그 삶의 과정에서 나는 이 평범함을 끊임없이 거부했습니다. 어느 날부터 조금씩 변화를 생각했습니다. 다른 관점으로 세상을 보기 시작했습니다. 그래서 나는 다른 선택을 했습니다.

관점의 변화는 내 마음속에 잠들어 있었던 욕구입니다. 그것이 표출되어 지혜의 깨달음으로 다가옵니다. 이제는 남들과 똑같이 생각하는 삶은 너무 가치가 없다는 것을 느낍니다.

미국의 철학자이자 심리학자인 윌리엄 제임스(William James) 박사는 이렇게 말하였습니다. "생각은 행동을 바꾸고, 행동은 습관을 바꾸고, 습관은 운명을 바꾼다."

이 말을 해석하면 운명을 바꾸려고 한다면 생각부터 바꾸라는 말입니다. 그러나 생각은 그냥 바뀌지 않습니다. 생각을 바꾸려면 당신은 남들과 다른 시각으로 보아야 합니다. 그래서 관점을 바꿔야 합니다.

이런 이유로 나는 '관점 혁신'이라는 용어를 만들었습니다. 그리고 나는 '대한민국 제1호 관점 혁신가'라고 자신을 정의해 보았습니다. 나는 혁신의 시작을 관점의 혁신으로 보고 있습니다.

나는 책을 내면서 고민이 많았습니다.

첫째, 당신은 이 책의 이야기를 읽고 얼마나 공감할 수 있을까?

둘째, 당신은 이 책을 끝까지 잘 읽을 수 있을까?

셋째, 당신은 왜 이 책을 읽을까?

나는 이 세 가지 질문에 답이 잘 떠오르지는 않습니다. 답이 잘 떠오르지 않는 질문은 답이 어렵기 때문이 아니라 질문이 잘못되었기 때문이라고 합니다. 그래서 질문을 한번 바꿔 보겠습니다.

당신은 경영 혁신이 필요합니까? 필요하지 않다면 이 책을 볼 필요가 없습니다. 그러나 당신은 반드시 이 책을 볼 것입니다. 당신은 혁신이 필요해서 지금 이 책을 들고 읽고 있기 때문입니다.

당신은 지금까지 혁신에 대해 열심히 공부를 해왔습니다. 그러나 놀랍게도 당신은 성공하기 힘든 혁신을 선택해왔습니다. 당신의 노력이 잘못된 것은 아닙니다. 단지 방향이 틀렸을 뿐입니다.

당신의 혁신은 지도와 내비게이션이 없었습니다. 그것들이 없어서 혁신이라는 '목적지 검색'을 하지도 않고 출발해 달려왔습니다. 더구나 혁신의 도로는 불편하고 생각보다 긴 여정입니다.

내가 파악한 기업혁신의 문제점 두 가지를 이야기해 봅니다.

첫째, 기업혁신은 불편합니다.

때로는 귀찮은 일도 생기고 노력도 필요합니다. 직원들의 반발은 물론이고 경영진 자신도 내적 갈등에 시달립니다. '지금까지 잘 해 왔는데.'라고 생각하는 가치관의 혼란이 발생합니다.

하지만 경영 혁신은 정확히 자기 부정에서 시작합니다. 내가 지금까지 해오던 방식이 틀렸다고 생각해야 혁신을 시작합니다.

당신이 원래 오른손잡이인데 왼손으로 딱지치기를 한다고 가정합니다. 당신은 과거에 어쩌다가 한번 왼손이 익숙해서 그 후로 계속 왼손만을 써왔습니다. 몇 년 정도는 나름 성공적이었습니다.

그러나 힘은 오른손이 더 강합니다. 이제 혁신의 깨달음을 통해 정상으로 되돌아가려 합니다. 그러나 오른손으로 교체하는 것이 불편합니다. 당신은 그 불편함을 이겨내야 성과를 낼 수 있습니다.

혁신이 이와 다르지 않습니다. 혁신은 원래 오른손잡이에게 오른손을 쓰게 해주는 것입니다. 비정상을 정상으로 바꿔야 합니다. 그래서 당신은 변화의 초기에 오는 불편함을 이겨내야 합니다.

둘째, 기업혁신은 인내입니다.

혁신은 성과가 금방 나오지 않습니다. 혁신의 씨앗을 뿌리고 싹이 터서 꽃을 피우고, 열매를 수확할 때까지 참고 기다려야 합니다. 싹이 빨리 안 나온다고 땅을 파버리면 씨앗은 죽습니다.

꽃이 금방 피지 않는다고 뽑아버리고 또 다른 씨앗을 심으려고 합니다. 그러면 우리는 허송세월 보낸 것이 됩니다. 또한, 자라는 과정에서 비료도 주지 않으면서 열매가 작다고 한탄합니다.

당신도 다르지 않습니다. 혁신의 성과가 의심되어 중간에 확신을 잃는 경우가 많았습니다. 당신의 인내심이 부족한 면도 없지는 않으나 문제는 혁신전략이 너무 무겁고 장대하다는 데 있습니다.

나는 이 두 가지를 이겨낼 지혜로운 혁신 비법을 제안합니다. 나는 불편하지 않은 혁신과 인내하지 않아도 되는 혁신을 제안합니다. 나는 작고 가볍고 단계적인 성과 창출의 혁신을 제안합니다.

작은 실천으로 획득한 작은 성과가 모여 큰 성과를 이루는 것이 지속적 혁신을 가능케 하는 힘입니다. 그래서 지혜로운 혁신이란 시작도 행복이고, 추진하면서도 행복하고, 결과를 누리면서도 행복해져야 합니다.

당신도 성과 창출의 경영 혁신을 하려고 합니까? 그렇다면 당신도 이 책을 읽고 결단을 하십시오.

세상에 성공의 이야기는 참 많이 있습니다. 그러나 정작 당신의 성공담은 없습니다. 당신도 이제 당신만의 성공담을 만들 인생의 항로를 다시 설계할 때입니다. 나와 같이 이 여행을 시작하십시오.

2019년 5월 22일

황 문 선

황문선의 '억만장자로 이끄는 경영 혁신'
다 같이 행복해지는 혁신

경영 혁신을 생각할 때 당신은 '고생과 행복' 어느 단어가 떠오릅니까? 나는 당신과 다르게 생각합니다. 지혜로운 혁신은 고생이라는 단어보다 오히려 행복과 연관을 지어 생각합니다.

더 큰 꿈을 꾸어라

당신이 추구하는 혁신은 억만장자의 경영 혁신입니다. 당신은 경영 혁신을 통해서 경영성과라는 목표를 이루어 나갑니다. 즉, 당신의 경영 혁신 목표는 바로 매출액과 수익률로 표현됩니다.

하지만 당신의 목표는 그것이 전부가 되어버리면 안 됩니다. 당신은 더 큰 꿈을 꾸어야 합니다. 경영 혁신을 통해 매출액과 수익률 목표를 이루면 당신에게 새로운 성공 인생이 찾아옵니다.

당신에게 행복한 삶이 찾아옵니다. 더구나 당신 혼자만의 성공과 행복이 아닙니다. 직접적으로는 당신 회사의 직원들과 간접적으로는 회사의 이해관계자 모두가 누리는 행복입니다.

당신에게는 부와 더불어 성공한 CEO라는 명예도 생기고 책임져야 할 사회적 지위도 생깁니다. 그러나 이것을 결코 부담으로 느끼지 말아야 합니다. 당신에게는 행운입니다.

당신은 축적한 부의 일부를 사회에 공유함으로써 나눔 있는 삶을 살 수 있습니다. 나눔이 있는 경영을 통해 기업의 이미지가 좋아집니다. 훌륭한 인재가 모이고 회사의 제품은 더욱 잘 팔립니다.

이는 저절로 이루어지는 천재적인 마케팅 기법입니다. 좋은 기업 이미지를 통해 저절로 매출이 증가합니다. 수익성은 높아지고 경제적 여유도 부쩍 늘어납니다. 이것이 선순환 구조입니다.

부의 축적과 더불어 당신은 행복해집니다. 누구나 꿈꾸는 돈과 시간으로부터 자유가 생깁니다. 당연히 업무 스트레스가 적어지므로 건강도 좋아집니다. 이렇게 지혜로운 혁신이 이뤄지면 회사가 자동화 시스템이 됩니다.

회사가 스스로 작동하여 돈을 버는 시스템이 부를 창출합니다. 그 부를 함께 나누는 것이 어떻게 보면 궁극적인 기업의 목적입니다. 이것이 기업가가 꾸는 큰 꿈이고 큰 비전입니다.

혁신과 억만장자의 꿈

당신에게 행복한 억만장자의 큰 꿈은 애초에 없었던 것이 아닙니다. 창업 직전으로 돌아가 보십시오. 당신은 세계 최고의 회사를 만들겠다는 벅찬 희망에 부풀어 있었습니다.

억만장자의 꿈은 창업 전에 조직 생활을 하면서 만들었을 수도 있습니다. 창업하는 과정에서 동료와 함께 구상했을 수도 있습니다. 그래서 당신은 처음에는 꿈속에 살고 있었습니다.

당신은 혁신 기업을 창업하여 미래에 투자하였습니다. 당연한 이치이지만 처음 창업한 회사는 모두 혁신적이지 않을 수가 없습니다. 모든 것이 새롭습니다. 그런데 현실이 녹록치 않습니다.

당신은 현실의 어려운 벽에 부닥쳐 조금씩 좌절합니다. 원하는 바가 잘 이루어지지 않으니 점차 절망하고 힘든 생활을 합니다. 매일매일 바쁜 일에 젖어 살다가 꿈을 잃어가게 됩니다.

잃어버린 억만장자의 꿈과 함께 어느덧 일과 인생을 맞바꿔 버립니다. 시작할 때의 혁신과 행복했던 마음을 잃어버립니다. 당신은 꿈속에 살다가 어느새 빡빡한 현실로 다시 돌아와 버립니다.

그러나 당신은 이제 깨달아야 합니다. 당신은 잘못된 길에 접어든 것입니다. 나는 당신에게 지혜로운 혁신기법을 제안합니다. 혁신은 힘들게 하는 것이 아니라 계속해서 행복을 얻는 과정입니다.

직원과 함께하는 혁신

　나는 혁신의 과정이 전혀 힘들다고 생각하지 않습니다. 아니 오히려 힘든 혁신은 절대 성공하지 못합니다. 또 혁신은 대표 혼자 할 수 없습니다. 조직 구성원 전체가 한마음으로 동참해야 합니다.
　경영진과 임직원이 다 같이 혁신의 노고와 성과를 나눠 가져야 합니다. 혁신을 위해서는 전체 직원의 변화된 행동, 습관, 실천이 필요합니다. 그것이 마음에서 스스로 우러날 때 더 강력합니다.
　이것들을 실천하는 과정에서 당신과 구성원은 하나씩 성취하는 느낌과 혁신 성과를 누리는 만족감이 필요합니다. 혁신의 과정에서 아무것도 손에 쥐는 것 없는 혁신은 반드시 실패합니다.
　만약 당신이 혁신전략을 강압적으로 밀어붙이면 그 일에 동참하고 행복해할 직원은 한 명도 없습니다. 자발적인 참여가 필요합니다. 그래서 마음에서 우러나서 하는 혁신이야말로 진정한 혁신입니다. 이런 혁신이 큰 성과를 냅니다.
　이것이 행복한 혁신이고 혁신의 추진력입니다. 직원들에게 행복을 찾아줘야 자기 주도 혁신을 하게 됩니다. 직원들은 스스로 변화하는 것이 미래에 엄청난 가치를 준다고 생각해야 합니다.

대기업의 혁신 시스템

중소기업에서 가장 어려운 것이 직원들의 자기 주도 혁신입니다. 대기업은 모든 조직과 구조가 이것을 쉽게 만들어 줍니다. 이들은 성과를 내는 구조로 철저하게 조직화 되어있습니다.

대기업의 혁신에 대한 마인드는 자부심입니다. 입사부터 명함과 회사 배지가 바로 자부심입니다. 그룹과 회사의 로고가 찍힌 것이 자부심을 심어줍니다. 신입사원 때부터 자부심이 강합니다.

조직 구조도 잘 만들어져 있습니다. 조직 분할과 직제가 자동 운영 시스템입니다. 그래서 자부심의 문화와 잘 짜인 구조가 혁신의 실천을 유도하기 때문에 저절로 돈을 잘 버는 구조입니다.

자부심이 약한 직원도 '죽어라' 하고 일하게 만들어진 관리 시스템이 있습니다. 인사고과와 성과 포상 제도입니다. 따라서 그렇게 열심히 일하는데 성과가 없는 것은 더 이상합니다.

대기업 직원들은 큰 꿈같은 것도 필요 없습니다. '나는 삼성 다닌다, LG 다닌다, SK 다닌다, 현대 다닌다.'라는 자부심이 바로 꿈을 대신합니다. 더구나 그 자부심에는 강한 힘이 있습니다.

그 힘으로 자신의 인생과 기업의 성과를 바꿔내는 큰 희생을 아무렇지도 않게 해냅니다. 하지만 이들은 절대로 손해라고 느끼지 않습니다. 연봉과 성과급으로 충분히 받는다고 생각합니다.

새로운 혁신의 동력

당신이 경영하는 회사 직원들의 생각은 어떻습니까? 대기업만큼 회사에 대한 강한 자부심이 있을까요? 이들도 정년을 마칠 때까지 인생을 희생할까요?

직원 중에 몇이나 회사의 미래 비전과 자신의 인생을 같은 방향에 두고 생각할까요? 중소기업 직원에게 쉽지 않은 일입니다. 당신은 직원들에게 이 문제에 대한 답을 제시해야 합니다.

당신은 직원들에게 꿈을 주어야 합니다. 자신의 미래가 회사 안에 있다고 믿게 해야 합니다. 꿈이 회사 울타리 안에서 성취되도록 해야 합니다. 이것을 오히려 당신이 먼저 믿어야만 합니다.

당신과 직원이 미래의 희망과 비전을 '회사의 성공'으로 같이 생각해야 합니다. 회사가 성공하면 직원의 꿈도 같이 이루어져야 합니다. 이 둘은 반드시 한 방향이어야 합니다.

이렇게 생각하는 것이 혁신의 기본입니다. 직원들이 회사 안에서 미래를 꿈꾸면 지금 당장 혁신에 동참합니다. 이것이 내가 얘기하고 싶은 매우 중요한 혁신의 동력입니다.

혁신과 행복

나는 혁신을 다시 정의합니다. 혁신은 그 단어 안에 행복이라는 단어가 포함되어 있습니다. 소위 연관 검색어처럼 혁신과 행복은 한 묶음이 되어야 합니다.

혁신에서 행복이 빠져 버리면 불편한 삶이 됩니다. 혁신을 수행하는 과정이 힘들어집니다. 다들 중도에 포기하고 싶어집니다. 이런 혁신이 예전에 당신이 잘못 들어갔던 바로 그 길입니다.

혁신을 생각하면 행복을 떠올려야 다 같이 참여합니다. 당신은 억만장자의 꿈을 떠올려야 합니다. 직원들은 억대의 연봉과 이사, 전무, 부사장 같은 높은 직위를 떠올려야 합니다.

모두에게 최고의 회사, 내 꿈을 이루는 회사를 떠올려야 합니다. 이렇게 행복해하면서 실천하는 것이 바로 성과추구 혁신입니다. 실천이 다소 힘들어도 꿈과 희망으로 헤쳐 나가는 것입니다.

당신도 혁신을 통해서 행복한 인생을 살 수 있습니다. 돈과 시간으로부터의 자유를 누릴 수 있습니다. 성공한 CEO로서의 존경과 사랑도 받을 수 있습니다. 이제 당신의 생각을 바꾸십시오. 성공하는 혁신은 시작부터 행복해야 합니다.

황문선의 '억만장자로 이끄는 경영 혁신'
혁신은 이론이 아니라 실천이다

　당신은 기업 성장전략이나 경영 혁신에 관심이 있으십니까? 만약 당신이 중소기업 대표거나 임직원이라면 회사에 들어맞는 합당한 혁신 관련 도서나 자료를 본 적이 있습니까?
　아마도 쉽게 찾기 힘들 것입니다. 이런 주제는 이론적인 것보다 훨씬 실천적인 접근이 필요합니다. 당신의 회사에 맞는 실천적인 혁신 자료는 아마 지구상에 존재하지 않을 가능성이 큽니다.
　당신이 반드시 원하는 자료는 여러 학술과 이론의 집대성 자료가 아닙니다. 회사에서 실시간으로 발생하는 문제에 대한 답을 당장 제시해 주는 실천전략의 자료입니다.
　나름대로 경영 혁신에 관심 있는 사람들은 좋은 혁신 서적들을 찾아봅니다. 인터넷 검색을 통해 자료를 찾고 공개된 동영상 자료를 검토해 봅니다.

그러나 "그래, 이거다!"라고 하는 자료를 발견하기는 너무 어렵습니다. 각종 도서에 나온 경영 혁신은 핵심이론만 모아도 수십 수백 가지입니다. 하지만 당신을 위한 맞춤식 이론은 거의 없습니다.

이해하기 어려운 혁신 이론

내가 중소기업에 합류했을 때입니다. 당시에 나는 혁신에 필요한 제도를 정비하고, 시스템 경영 체제를 구축하고 싶었습니다. 그래서 각종 혁신기법 자료를 보며 열심히 학습하였습니다.

이론을 실무에 적용하고자 노력했습니다. 그리나 학습한 이들 전문지식은 나의 혁신 관점과 잘 들어맞지 않았습니다. 나는 이론이 아니라 실무에 적용 가능한 실천적인 혁신이 필요했습니다.

혁신을 실천하려면 경영진 설득도 필요했습니다. 설득을 위해 나는 전문가들의 주장을 인용하고 싶었습니다. 그러나 대부분 지나치게 학술적이거나 이론에 너무 치우쳐 있었습니다.

결국은 이런 자료를 인용해서 내 주장에 권위를 실어줄 '말의 힘'을 찾는 것에는 성공하지 못했습니다. 나는 경영진 설득에 너무 많은 에너지를 쏟게 되고 불편해 졌습니다.

그전에 다른 회사에 근무할 때도 그 회사들이 기업 혁신 컨설팅을 수행한 적이 있습니다. 주로 재무회계나 신사업 전략, 혁신 시스템 도입에 관한 컨설팅을 받았습니다.

나는 직접 실무 당사자로 일하기도 했습니다. 어떤 때는 관련 부서의 팀장으로 컨설팅에 참여한 적도 있습니다. 그때 만났던 기업 컨설팅 전문가들은 모두 대가(大家)들이었습니다.

이들은 경영학 박사 학위를 가진 대학교수 또는 명문대학 MBA 과정을 수료하신 분들입니다. 몇몇은 전문 컨설팅 회사에서 많은 기업을 만나고 수년간 축적된 경험도 얻은 분들입니다.

외국계 회사나 삼성 LG 등 대기업 경영 전략팀이나 기획부서에서 상당 기간 경력을 쌓은 분들도 있었습니다. 경력으로 보면 대한민국 상위 최고 수준에 있는 분들입니다.

그렇게 따져보면 나도 대기업 개발실 기획부서에 짧게나마 근무했기 때문에 경영 혁신이라는 분야에 관심을 두게 된 것이 맞습니다. 그만큼 경영 혁신은 특별하고 어려운 분야입니다.

경영 컨설팅을 받는 회사들은 예산이 충분한 대기업 또는 그룹 계열사들입니다. 그런 회사의 실무자 직위에서는 경영 컨설팅 계약을 할 때는 당연히 품격 있는 분을 모시기 위해 노력합니다.

그러다 보니 컨설팅 전문가들은 어려운 이론으로 중무장합니다. 이들은 컨설팅 내용을 쉽게 표현하면 자신의 실력이 낮게 느껴지지 않을까 항상 고민합니다. 자신의 지식과 정보가 값싸 보이는 것을 본능적으로 싫어합니다.

즉 이들 전문가 집단은 어려운 이론 개념들로 실력을 포장해서 자신의 가치를 높이려는 경향이 있습니다. 그래서 일반인이 이해하기 어렵게 컨설팅을 하는 경우가 많습니다.

이들은 전문가답게 기업의 문제점을 잘 진단해 냅니다. 어떻게 해야 혁신을 할 수 있을지도 너무 잘 압니다. 그러나 이들의 문제는 늘 표현과 설명이 너무 어렵다는 것입니다.

중소기업의 혁신 추구

중소기업 경영진들은 그런 어려운 이론을 받아들일 만큼 노력할 사람이 없습니다. 문제는 이들은 항상 바쁘다는 것입니다. 젊어서 창업하여 청춘을 바쳐 항상 바쁘게 일해 왔습니다.

시간을 투자하고 공부해야 이해하는 혁신은 못 받아들입니다. 이들에게는 정말 경영 혁신이 필요한데 마땅한 소통의 창구가 없습니다. 더구나 훌륭한 분을 모셔야 하는 가용 예산도 부족합니다.

대표들이 생각하기에는 자신의 회사가 조직도 작고, 어떤 경우 조직 체계도 부실한 것 같습니다. 대표들은 컨설팅 전문가에게 자기 회사의 실체를 보여주고 상담하기도 부끄럽습니다.

주변 사람들에게 문의하거나, 운이 좋으면 대기업 경력사원을 채용하여 겨우 이 목마름을 해결합니다. 하지만 대기업 경력사원은 혁신 전문가가 아닙니다.

본업에서 실력만 보면 대가가 틀림없습니다. 그러나 대기업은 조직과 업무가 너무 잘 나누어져 있습니다. 한 영역의 전문가로는 성장하지만, 경영에 대한 통찰로 혁신을 이끌고 가지는 못합니다.

이들은 안목이 넓지 않습니다. 소위 경영 전반에 대한 넓은 시각을 갖출 수가 없습니다. 간혹 이들이 전략 기획부서의 실무자였거나 임원급이었다면 경영 혁신을 경험할 수도 있습니다. 그러나 나머지 사람들은 어깨너머로 막연하게 배운 정도일 뿐입니다.

이들은 넓지 않은 안목으로 나름의 혁신 제도를 시험하고자 노력합니다. 그래서 혁신 제안 하나를 토해냅니다. "대표님, OO 제도를 만들어서 한번 해보시는 게 어떨까요?"라고 제안합니다.

하지만 대표의 이런 말 한마디로 좌절합니다. "그건 대기업에나 맞는 이야기이고, 우린 규모가 작아서 안 돼" 경력사원은 이런 말에 설득력 있게 대처하지 못합니다. 혁신은 바로 끝이 납니다.

혁신은 실천의 법칙

중소기업도 이젠 생각을 바꿔야 합니다. 지금은 무한 경쟁의 시대입니다. 성장은 둘째고 오히려 생존이 위협받고 있습니다. 혁신 없이는 기업이 망하는 시대가 왔습니다.

게다가 망하는 것도 갑자기 망하는 것이 아닙니다. 긴 시간을 통해 매출액과 수익성이 줄어듭니다. 그러는 동안 천천히 재무 상태가 나빠져서 더는 견디기 힘들 때가 되어서야 문을 닫습니다.

이런 엄혹한 시기에 나는 성장과 생존의 전략을 동시에 제시할 수 있습니다. 나는 매년 많은 업체를 상대하면서 그 회사 내·외부 경영 상황들을 수없이 보고 관찰하였습니다.

나는 그들의 경영 전략을 보았고, 성공과 실패사례를 보아왔습니다. 대기업과 중소기업을 경력사원으로 오가면서 직접 실무자로 그 회사들의 성장과 발전을 함께 경험하였습니다.

어떤 경우는 입사 5년 만에 300% 가까운 매출 성장을 이룩한 회사도 경험해 보았습니다. 대기업 그룹사에 근무하면서 여러 가지 경영 혁신에 대한 전략과 실행도 경험해 보았습니다.

나는 한때 나만의 독창적인 전략을 통해 경영 혁신을 시험해 보았습니다. 이때 나는 공부한 이론을 하나씩 '성공의 법칙'으로 전환해 갔습니다. 그것은 이론이 아니라 실천의 법칙입니다.

나의 최초 혁신은 기술부서의 '인식 전환'입니다. 기술부서를 시작으로 생산, 품질, 영업, 재무 부서까지 혁신을 추진했습니다. 더불어 해외 사업, 사업 기획, 신사업 검토 과정에도 혁신을 도입하였습니다.

이전에 경험했던 수많은 업체 경험이 헛된 공부가 아니라 현업 적용이 바로 가능했습니다. 나는 입사 3년 만에 회사 매출액을 거의 두 배로 끌어 올렸습니다. 수익성도 훨씬 좋아졌습니다.

나는 이 경험을 통해 기업의 문제를 진단하고 바로 실천 가능한 해결책을 제시할 수 있습니다. 창업부터 성장 안정화까지 기업의 환경을 많이 관찰하면서 배운 바를 현업에 적용할 수 있습니다.

정답은 정해져 있지 않습니다. 상황에 따라 변하는 것입니다. 기업마다 처한 환경은 다릅니다. 따라서 정확하게 진단하고 그것에 맞게 세부적인 실천전략이 필요합니다.

경영 혁신 컨설팅은 지혜가 담겨 있어야 합니다. 이런 지혜는 무엇보다 상식이 기반입니다. 이론이나 학술은 매우 상식적이지 않습니다. 그래서 실천하려고 하면 현실에 잘 맞지 않습니다.

현실과 동떨어지고 이론으로 중무장해서 잘 치장한 혁신전략은 결코 성공할 수 없습니다. 그런 혁신들은 말로만 하는 혁신, 생각으로만 하는 혁신입니다. 이런 혁신들은 반드시 실패합니다.

반면에 상식은 모든 상황에서 너무 당연하게 잘 통합니다. 나는 상식선에서 이해하기 쉬운 일반인의 언어로 기업 혁신을 이야기합니다. 그것은 가치가 얕은 지식과 정보의 혁신이 아닙니다.

깨달음을 통찰력으로 제시하는 지혜로운 혁신입니다. 혁신에 지혜가 담기면 이해도 쉬우며 실천도 쉽습니다. 그리고 실천하는 혁신전략은 반드시 성공합니다. 당신도 이제 실천하십시오.

황문선의 '억만장자로 이끄는 경영 혁신'
혁신하려면 관점부터 바꿔라

당신은 혁신을 어떻게 생각하십니까? 혁신을 너무 어렵게만 생각하지는 않는가요? 나는 혁신을 매우 쉽게 생각합니다. 아니 오히려 쉬워야 혁신을 할 수 있게 된다고 단언합니다.

혁신의 실행 과정

"지금 1억도 못 버는 회사가 3년 후에 어떻게 10억을 벌지?" 누군가 이런 질문을 한다면 어떻게 답하시겠습니까? 나는 간단히 대답합니다. 돈을 못 버는 것이 아니라 안 버는 것이라고 말입니다.

목표가 없으니 의지가 없고, 의지가 없으니 실천이 없고, 실천이 없으니 바뀌는 것이 없고, 그러니 아무것도 이루지 못하는 겁니다. 당신은 얼마나 간절히 당신의 회사가 성장하고 발전하여 최고의 기업이 되기를 바라십니까?

너무 열심히 일하느라 그런 염원을 생각할 시간조차 없지는 않습니까? 절대 그렇지는 않을 것입니다. 당신은 최고의 회사를 만들기 위한 간절한 의지가 있습니다.

그렇다면 당신은 우선 간절한 염원이 담긴 성공의 목표를 설정해야 합니다. 그리고 목표 달성을 위한 중장기 혁신전략을 만듭니다. 혁신전략에 따른 실행과제를 도출합니다.

도출한 실행과제를 단기 과제로 작게 나눕니다. 그래야 담당자들에게 지시할 업무들이 드러납니다. 이들에게 혁신 과제를 부여합니다. 담당자별 과제의 실행 결과를 추적하고 성과를 관리합니다. 이것이 전체적인 혁신의 추진과정입니다.

당신은 이 혁신의 추진과정을 갑자기 어렵게 느낍니다. 당신은 '중장기전략, 실행과제, 성과관리? 이게 도대체 뭐지?'라고 생각합니다. 그러나 말만 어렵지 실행은 별로 어렵지 않습니다.

당신은 목표를 만들고, 할 일을 뽑아내고, 담당을 찾아 지시하고, 잘했는지 확인하면 되는 것입니다. 이게 무슨 혁신이냐고 묻는다면 나는 이제부터 답을 하려고 합니다. 이 책에는 이 한 문장을 잘 수행하기 위한 많은 천재적인 설명들이 들어 있습니다.

기업 혁신의 이론들

나는 지금도 가끔 '기업 혁신, 중소기업 성공 전략, 중소기업 혁신 사례' 등을 키워드로 인터넷 검색을 해봅니다. 그러면 생각보다 많은 책과 논문들이 나의 검색 망에 바로 걸려듭니다.

이것들을 시간을 내어 읽어봅니다. 제법 나의 마음이 움직이는 자료는 프린트해서 밑줄을 치며 읽어봅니다. 그러나 한 번에 명확히 머리에 들어오지 않습니다. 내용이 너무 어렵고 지루합니다.

나도 MBA 과정을 수료했는데도 불구하고 이론이 너무 어렵습니다. 그러니 일반 사람들에게 혁신 이론은 외국어같이 이해하기 어려울 수도 있겠다는 생각이 듭니다.

인터넷 검색 자료들을 정리해 보니 다음과 같습니다. 가장 많이 눈에 들어오는 것은 잭 웰치의 식스 시그마(Six sigma)나 도요타의 생산 시스템(TPS)과 린(Lean) 경영이라는 혁신기법입니다.

혁신을 돕는 도구들인 총체적 품질 관리(TQM), 총체적 설비 보전(TPM), 가치공학(VE), 벤치마킹(BM), 전사적 자원관리(ERP), 공급 사슬 관리(SCM), 제약 이론(TOC), 업무 재설계(BPR), 5S(정리, 정돈, 청소, 청결, 습관화) 같은 것들도 있습니다.

이렇게 많은 이론은 하나같이 내용이 거창합니다. 도요타나 제너럴 일렉트릭 같은 큰 회사에나 어울릴 법합니다. 게다가 아무리 열심히 보아도 "이걸 어떻게 실행하지?"라는 의문이 듭니다.

독창적인 혁신전략

내가 말하는 기업 혁신은 '관점의 혁신'입니다. 문제의 정의부터 해결 과정까지 이전과는 다른 시각을 적용해 풀어나갑니다. 그리고 이를 활용해 제도적으로 시스템 경영 체계를 구축합니다.

개인에게는 업무 성과를 최대로 높여줍니다. 업무 성과를 높여주는 방법은 스스로 신나게 일하게 하는 것입니다. 이를 어려운 말로 내적 동기부여(motivation)라고 합니다. 이렇게 일하면서 행복을 느끼게 하는 것이 나의 천재적인 혁신기법입니다.

나는 또 혁신이 기업에 무엇을 제공해 주는지 생각해 봅니다. 일반적인 혁신은 먼저 기업 생존을 보장해 줍니다. 그리고 지속적인 성장과 발전을 제공합니다.

이것은 지극히 일반적인 생각입니다. 그러나 나는 다르게 생각합니다. 공격이 최선의 방어입니다. 성장을 훨씬 뛰어넘는 도약(quantum jump)만이 기업 생존을 위한 최고의 선택입니다.

생존은 이제 머리에서 지워버리십시오. 성정과 발전도 고민해봐야 아무 의미가 없습니다. 당신이 기업 혁신을 추구한다면 어떻게 하면 당신의 회사가 도약할 수 있는지를 고민하십시오.

나의 혁신은 어려운 이론이 아닌 지극히 실천적인 행위입니다. 내가 좋아하는 말은 '생각을 바꾸면 행동이 바뀌고, 행동을 바꾸면 결과가 달라진다.'라는 격언입니다.

이 말을 거꾸로 바꾸면 결과를 바꿀만한 행동을 해야 하고, 그런 행동을 하려면 다르게 생각하라는 것입니다. 그리고 다르게 생각하려면 당신은 관점을 바꿔야 합니다.

나는 생각과 행동을 바꾸는 관점의 변화를 나만의 용어로 '관점혁신'이라고 지칭했습니다. 그리고 나 스스로 '대한민국 제1호 관점 혁신가'가 되기 위해 열심히 노력하고 있습니다.

관점을 바꿔라

관점에 대해서 본질적인 이야기를 해 봅니다. 우리는 생각을 '프레임(frame, 틀)'에 넣이시 힙니다. 사람들은 생각의 폭을 넓히지 못하고 정해진 틀 안에서만 생각합니다.

당신은 생각이 자유롭다고 하지만 이것은 잘못된 인식입니다. 당신은 누군가가 정해준 생각의 틀 안에 있습니다. 예를 들어 아침에 당신은 '노란 장미'를 강한 느낌으로 들었습니다.

그리고 오후에 누군가 "당신은 어떤 색깔의 장미를 좋아합니까?"라고 묻는다면 당신은 순간 노란색을 먼저 떠올립니다.

이는 당신이 좋아하는 장미 색깔의 선호도와 무관합니다. 당신은 순간 '노란 장미라는 프레임'에 갇힙니다. 이렇게 당신은 자주 문제의 본질보다는 누군가 만들어 놓은 프레임에 갇힙니다.

아니면 당신 스스로 만든 프레임 안에 갇혀 있을 때도 있습니다.

'이제부터 빨간색은 생각하지 말자.'라고 작정해도 당신은 계속해서 빨간색만 생각합니다. 다른 어떤 것도 떠오르지 않습니다.

나는 이렇게 행동을 결정짓는 요인으로 '문제를 보는 시각'에 집중합니다. 즉 관점을 매우 중요하게 여깁니다. 당신은 대체로 문제를 어떤 '관점 또는 프레임'을 가지고 봅니다. 그 틀에 갇힙니다.

나는 관점을 달리하기 위해 문제를 다방면의 시각으로 보라고 말합니다. 넓은 시각으로 '문제의 정의'를 다시 해야 합니다. 문제를 다시 정의하면 당신이 생각한 원래 문제는 사뭇 달라집니다.

예를 들어 향기 나는 볼펜이라는 아이디어를 누가 생각했다고 가정합니다. 이를 단순 과제로 접근하면 우리는 '볼펜에 향기를 주입하는 개발 과제' 하나를 도출할 것입니다.

그런데 볼펜을 필기도구 중 하나라고 관점을 확장해봅니다. 필기도구와 향기라는 관점을 형성합니다. 필기도구에는 볼펜 외에도 연필, 싸인 펜, 만년필, 유성 매직, 수성 펜 등이 있습니다.

이런 모든 필기도구에 향기를 넣고자 합니다. 이는 단순히 과제 하나가 아닙니다. 곧바로 '향기 나는 필기도구 사업'이라는 대규모의 신사업 프로젝트로 확장될 것입니다.

똑같은 문제를 다른 시각으로 보고 다시 정의합니다. 그러면 전혀 다른 생각과 다른 행동과 다른 결과가 나오는 것입니다. 이것이 '관점 혁신'입니다. 이것이 경영 혁신의 중요한 수단이 됩니다.

실천하는 혁신전략

나는 관점 혁신 외에 또 하나의 혁신 수단에 주목합니다. 바로 실행전략(action plan)입니다. 첫째, 관점 혁신으로 문제를 다시 분석하고, 둘째, 실행전략을 잘 짜는 것이 혁신의 기본입니다.

혁신은 이론이 중요한 것이 아니라 실천이 백 배, 천 배 중요합니다. 그래서 혁신은 실천 행위를 지향합니다. 이론적으로 훌륭하고 경이로운 혁신기법을 공부하여 적용하는 것이 아닙니다.

전략 수립에 시간을 다 보내고 실천이 없으면 손에 쥐는 결과는 하나도 없게 됩니다. 예를 들어 원가절감 과제에 대해 전 직원이 모여서 회의를 한다고 꼭 좋은 실행전략이 나오는 것은 아닙니다.

그것보다도 점심시간에 텅 빈 공장의 전등을 끄는 것이 훨씬 더 혁신입니다. 그래서 혁신은 상식으로 기획하고, 상식으로 실행하고, 결과에 대해 상식으로 평가하는 것이 중요합니다.

상식적인 결과에 대한 평가는 '효과성과 효율성'을 따져서 관리하는 것입니다. 여기서 효율성은 투입량 대비 산출량이고, 효과성은 계획 대비 실적입니다.

효과성과 효율성에서 성공하려면 당신은 최소 투자로 최대 실적을 거두고, 큰 목표를 설정하여 크게 실적을 거두어야 합니다. 적어도 혁신에서는 뿌린 만큼만 거두면 완전히 실패한 것입니다.

이때 적용되는 모든 시각이 처음부터 끝까지 관점 혁신으로 이루어져야 합니다. 혁신의 시작도, 혁신의 과정도, 혁신 결과의 평가도 모두 관점 혁신을 적용해야 합니다.

당신은 이전의 단편적인 시각을 버리고, 통합적으로 관점을 확장해야 합니다. 당신은 관점을 바꿔서 본질에 근거하여 모든 문제를 다시 바라보아야 합니다.

이제부터 당신은 관점 혁신으로 문제를 다시 정의하고, 실행전략을 짜고 과감히 실천하십시오. 그러면 당신의 회사는 혁신 기업이 되고 시장을 지배하는 최고의 회사가 될 것입니다.

첫째, 혁신의 시작은 관점을 혁신하는 것입니다.
둘째, 그 시각으로 쉽게 실천하는 실행전략을 수립합니다.
셋째, 과감히 실천하고 효과성과 효율성을 따집니다.

황문선의 '억만장자로 이끄는 경영 혁신'
성공을 부르는 지혜로운 혁신

당신은 지식을 원하십니까, 아니면 지혜를 원하십니까? 경영 혁신을 하려면 반드시 지식보다는 지혜를 가져야 한다고 나는 생각합니다. 당신은 지식과 지혜의 차이를 아실 것입니다.

먼저 지식을 이야기해 봅니다. 경영 혁신에는 수많은 이론과 기법이 있습니다. 혁신기법 하나만 해도 셀 수 없는 전문가의 이론과 그 이론을 설명해 주는 다양한 전문서적들이 있습니다.

그렇게 많은 이론과 그렇게 많은 책이 있다는 것은 아이러니하게도 어느 것 하나도 당신에게 맞지 않으리라는 것을 의미합니다. 당신의 상황은 매우 특별하기 때문입니다.

이런 수많은 이론과 논문, 자료, 책 등은 사실은 정보와 지식의 산물입니다. 사람들은 자신이 잘 모르는 어렵고 복잡한 정보와 지식일수록 더 가치 있는 것이라고 오해합니다.

그것을 얻기 위해 적지 않은 금전적 대가와 많은 시간을 지급합니다. 그 어려운 정보와 지식을 이해하려고 수년간 애쓰다가 지쳐서 결국 서고나 책장에 장식용으로 꽂아 놓고 잊어버립니다.

정보, 지식, 지혜의 정의

우선 정보와 지식과 지혜의 차이에 대한 인식을 통해 왜 지혜가 필요한 것인지 정리해 봅니다.

첫째, 정보(information)란 관찰이나 측정을 통하여 수집한 자료를 실제 문제에 도움이 될 수 있도록 정리한 지식을 말합니다. 여기서 중요한 어구는 '수집한 자료와 정리한 지식'입니다.

둘째, 지식(knowledge)이란 어떤 대상에 대하여 배우거나 실천을 통하여 알게 된 명확한 인식이나 이해, 즉 내가 알고 있는 내용이나 사물을 말합니다. 지식에서는 '배움과 실천, 그리고 인식과 이해'가 중요합니다. 지식은 배운 것, 해본 것, 아는 것입니다.

셋째, 지혜(wisdom)는 사물의 이치를 빨리 깨닫고 사물을 정확하게 처리하는 정신적 능력입니다. 지혜는 항상 '깨달음과 정신적 능력'을 중요하게 여깁니다.

지혜를 바꾸어 표현하면 내가 아는 지식 중에서 '본질에 대해 깨달음'이 있는 것을 말합니다. 그리고 이 깨달음을 통해 정신적 능력을 발휘하는 것을 말합니다.

정보, 지식, 지혜를 '나'를 중심에 놓고 구분해 보면 다음과 같습니다. 정보는 나와 무관하게 존재하는 것이고, 지식은 내가 개입되어 존재하는 것이고, 지혜는 내가 통제할 수 있는 것입니다.

따라서 정보와 지식은 OX 문제처럼 정답이 있고, 지혜는 OX 문제를 초월한 것입니다. 그래서 지혜는 영적이고 철학적입니다. 누구나 쉽게 도달할 수 없는 경지의 통찰력입니다.

정보와 지식을 많이 아는 사람은 큰 저장 공간을 가진 컴퓨터에 불과합니다. 반면에 지혜를 가진 사람은 초월적이고 영적인 존재입니다. 그는 철학적 가치를 마음속에 지닌 존재입니다.

정부와 지식은 어렵고 이해하기 힘들수록 가치가 높아 보입니다. 쉽게 이해 가능한 정보와 지식은 그것을 알아내는 데 들어간 노력이 값싸 보여서 큰돈을 주고 구매하기가 망설여집니다.

그러나 정보와 지식이 많다고 해서 합리적인 판단을 한다는 생각은 완벽히 잘못된 사고방식입니다. 경영 혁신에 성공하려면 정보와 지식만 탐하는 것을 인제 그만두어야 합니다.

지식과 정보로 수행한 혁신은 성공하지 못하기 때문입니다. 지식은 간단한 셈 정도만 할 수 있으면 됩니다. 진짜로 필요한 것은 지혜입니다. 그것도 쉽게 실천이 가능한 깨달음의 지혜입니다.

보통 사람들은 어려운 지식과 정보는 큰돈을 주고 삽니다. 하지만 지혜를 사는 것에는 오히려 망설입니다. 지혜는 너무 이해하기 쉬워서 일반인은 가치를 인정하기 어렵습니다. 아니 가치의 수준을 판단하는 것 자체가 힘듭니다.

어리석은 당신은 지혜의 진가를 모르기 때문입니다. 지혜를 평가하는 것 자체가 어려우므로 얼마의 대가를 지급해야 할지 모릅니다. 그래서 지혜는 늘 평가절하 받기 쉽습니다.

지혜는 금방 공감이 되기 때문에, "에이 이게 전부야?"라고 생각하며 돈을 주고 산 사람들은 불만이 생깁니다. 북미대륙을 탐험한 콜럼버스의 달걀 세우기와 같은 이치입니다.

달걀 밑 부분을 깨고 세우는 것은 일단 보여주고 나면 단순한 아이디어입니다. 그러나 일반인이 듣기 전에는 미처 생각하지 못했던 기발한 아이디어입니다.

지식이 많은 사람과 지혜로운 사람의 차이

지혜로운 사람과 지식이 많은 사람은 큰 차이가 납니다. 지식을 탐하는 사람의 문제점과 지혜로운 사람의 장점을 다음에 간단히 정리해 봅니다. 이는 짧은 순간의 대화만으로도 쉽게 구별할 수 있습니다.

첫째, 지식을 탐하는 사람과의 대화는 항상 끝에 가서 싸우게 됩니다. 대화 후 기분이 나빠집니다. 왜냐하면, 이런 사람들은 항상 대화 속에서 옳고 그름을 따집니다.

사람들이 기억하는 정보와 지식은 항상 정확할 수는 없습니다. 엉뚱한 것을 잘 못 알고 있기도 하고, 말이 꼬여 틀릴 수도 있습니다. 지식을 탐하는 이들은 이를 항상 '틀렸다'라고 지적을 합니다.

그러면서 대화가 자꾸 중단되고 '네가 맞는지, 내가 맞는지?'로 논쟁이 발생합니다. 그러다 서로 감정적으로 충돌이 일어납니다. 그래서 대화의 끝이 항상 좋지 않습니다.

둘째, 반대로 지혜로운 사람은 대화가 즐겁습니다. 지혜로운 사람은 늘 경청하고 있습니다. 그러다가 잘못된 지식으로 대화에 문제가 생기면 그때야 상대방이 불편하지 않게 정정을 해줍니다.

불교의 '금강경야부송'에 '지혜로운 사람은 어리석음을 꾸짖지 않는다.'라는 말이 있습니다. 지혜로운 사람은 사고의 깊이가 있어서 지식의 맞고 틀리고를 별로 따지지 않습니다.

지혜로운 사람은 공감을 잘해 줍니다. '틀리고 맞고'가 중요하지 않고 말하고 있는 사람의 맥락에 집중해서 들어 줍니다. 이런 공감의 태도 때문에 대화 중 다툼이 없습니다.

지혜로운 사람과 대화하는 상대방도 "아! 이걸 그런 식으로 보는 관점도 있구나." 하고 깨달음을 얻게 됩니다. 이렇게 지혜를 나누면 모두가 깨달음을 얻게 됩니다.

셋째, 지식을 탐하는 사람은 교만하고 상대방을 멸시합니다.

일단은 상대방의 지식에 빈틈이 보이면 바로 치고 들어가 "그건 틀리고 이게 맞다. 넌 어떻게 그런 것도 모르니?"라고 하면서 본인은 잘난 척 우쭐댑니다.

늘 소소한 정보를 먼저 알거나 좀 더 안다고 해서 상대방에 대해 평가절하를 합니다. 단순히 정보의 양으로 경쟁 우위를 점하고, 마치 그런 자신이 대단한 사람인 것처럼 생각합니다.

그래서 대화는 늘 상대방을 가르치려고 하는 식으로 진행됩니다. 상대방은 '나도 그 정도는 아는데. 사람을 무시하는 건가?'라고 생각하게 됩니다. 그래서 그들의 대화가 방어적으로 됩니다.

이렇게 상대의 부족함을 질타하면서 힘의 우위를 차지하려는 나쁜 습관의 대화법은 공감 능력이 많이 떨어집니다. 늘 싸우려고만 하게 되고 상대방에게 대화가 불편하게 만듭니다.

넷째, 지혜가 있는 사람은 상대방을 존중해 줍니다.

지혜로운 사람은 정보의 참 거짓이 중요하지 않습니다. 그래서 틀린 정보라도 정보를 제공하는 사람을 존중해 줍니다. 상대가 억지 주장을 해도 '그것도 맞을 수도 있다.'라고 공감해 줍니다.

굳이 맞고 틀리고가 중요하지 않습니다. 지혜로운 이들은 상대방의 논지에 집중합니다. 그래서 상대방의 주제 속으로 들어갔다 나왔다 마음대로 할 수 있습니다. 대화가 전혀 불편하지 않습니다.

경영 혁신에는 지혜로운 사람이 필요합니다. 혁신은 때때로 어려운 실천 과제라서 구성원 누군가의 헌신이 필요합니다. 간혹 경영자가 희생의 주인공이 될 수도 있습니다.

희생과 헌신이란 단어 속 의미에는 반드시 상처가 포함됩니다. 이를 치유하려면 소통과 공감이 필요합니다. 지식을 탐하는 사람은 사람을 불편하게 만들기 때문에 공감으로 이끌지 못합니다.

공감이 안 되면 상대가 설득되지 않습니다. 그래서 혁신의 장으로 끌어내지 못합니다. 따라서 혁신에 관여하는 지도자가 지혜롭지 않으면 혁신의 수행은 불가능한 것입니다.

경영 혁신은 기업 조직과 조직 구성원 개인의 관계로 형성되는 여러 문제의 해결 과정입니다. 혁신은 대화와 설득, 이해와 충돌, 말과 행동, 조직 구조와 인간관계의 문제입니다.

이는 지식과 정보만으로는 절대로 해결될 수 없는 문제입니다. 혁신은 대부분이 사람의 문제이기 때문입니다. 그래서 지식을 탐하는 순간부터 당신은 경영 혁신과 멀어지는 것입니다.

첫째, 정보와 지식은 어렵고 이해하기 힘들수록 가치 있어 보입니다.
둘째, 혁신에는 지혜가 필요하며, 정보와 지식은 중요하지 않습니다.
셋째, 지혜는 이해하기 쉽고 편하며 실천으로 바로 이어집니다.
넷째, 지혜는 소통과 공감을 기본으로 합니다.
다섯째, 지혜로운 사람만이 혁신할 수 있습니다.

황문선의 '억만장자로 이끄는 경영 혁신'
경험에서 얻은 혁신의 비결

당신은 경영 혁신의 성공 사례나 경험을 실제로 가까이서 경험하신 적이 있습니까? 나는 경영성과로 나타나는 경영 혁신의 실천 경험자입니다. 그때 경험에서 얻은 혁신의 사례를 소개합니다.

경영성과로 확인한 혁신

내가 스스로 선택하여 입사한 한 중소기업은 입사하던 그해 연말 결산으로 매출액 220억이고, 수익률은 13.3억 적자를 기록했습니다. 창업 13년 차 회사가 첫 적자를 기록한 것입니다.

직전 해의 경영실적은 매출액은 280억에 달했으나 순이익은 겨우 3억이었습니다. 사실상 매출 대비 수익성 악화가 시작되면서 이런 실적의 둔화는 이미 예견된 하락의 징조였습니다.

회사는 10여 년을 넘게 흔들림 없이 줄기차게 잘 성장해 왔습니다. 그러나 이미 3년여 전부터 매출액이 성장세를 멈추고 재무 상황이 좋지 않은 상태로 치닫고 있었습니다. 그러나 경영진은 회사의 위기를 전혀 인지하지 못하고 있었습니다.

어느 날부터 내·외부의 여러 문제가 겹쳐서 갑자기 성장의 동력이 작동을 멈추어 버린 것입니다. 그런 회사에 내가 입사하여 수많은 조직의 저항에도 불구하고 경영 혁신을 시작하였습니다.

그 결과 1년 후 322억 매출액에 순이익 10.4억을 기록하였고, 2년 후 매출액 401억에 순이익 14.6억을 달성 하였습니다. 나와 회사는 모두 목표하는 바를 이루고 성공하였습니다.

회사는 경영성과로 양호한 재무 상태를 얻었고, 나는 경영 혁신의 이론 공부를 마침내 실전 경험으로 확인하였습니다.

혁신의 실천 과정

나는 입사 직후부터 회사의 내부 상황을 분석하면서 가벼운 혁신부터 실천하는 경영 혁신을 시작했습니다. 이 과정에서 여러 가지 혁신적인 일들을 추진했습니다.

제일 먼저 한 일은 경영권 분쟁으로 두 공동 대표 간 오랜 세월의 감정싸움을 '사업부 분리'라는 간단한 방식으로 해결하였습니다. 간단히 의사결정 프로세스만 분리한 것입니다.

사업부 제도를 통해 두 대표의 업무 영역을 완전히 분리하고, 의사결정 과정에서 두 공동 대표의 상호 독립성을 유지해 주었습니다. 두 대표의 감정싸움을 건전한 선의의 경쟁으로 바꿨습니다.

이후 내가 혁신을 수행하면서 가장 염두에 둔 것은 직원들의 마인드 문제입니다. 의식에 깊숙이 박혀 있는 '부정의 마인드'를 긍정의 마인드로 치환한 것입니다.

당시 회사는 창사 13년 차의 젊은 회사였습니다. 그러나 마치 오래 묵은 회사처럼 심각한 부서 이기주의와 업무상의 책임 회피가 만연했습니다. 그리고 발생하는 문제에 대해 복지부동하는 자세가 심각했습니다.

조직이 큰 공룡 대기업의 모든 나쁜 점을 다 답습한 듯 보였습니다. 특히 경영진과 임직원 모두가 최근 3년의 성장세 하락과 수익성 악화에 대해 깊은 부정적 마인드가 생겼습니다.

3년에 걸친 임금 동결이 가져온 좌절의 분위기가 그 핵심 원인이었습니다. 임금 동결은 회사 내에 의욕적으로 일하는 몇몇 직원들의 사기마저 꺾어 놓은 상태였습니다.

꿈과 비전의 선포

나는 입사 후 3개월 만에 문제점 진단을 마치고 하반기 계획을 수립하면서 혁신의 첫걸음을 시작했습니다. 대표를 설득하여 직원들에게 꿈과 비전을 선포하게 하였습니다.

대표에게 현재 시점부터 '제2의 창업'을 선언하게 하였습니다. 그리고 비전으로 '10년 후 매출액 목표 1조 원'을 제창하게 하였습니다. 이를 듣고 직원들은 황당해했습니다.

나는 대표에게 하루에도 몇 번씩 이런 꿈과 비전, 제2의 창업을 말하게 했습니다. 한두 달이 지나자 마침내 직원들이 조금씩 달라지기 시작했습니다. 변화의 바람이 감지되었습니다. 기술과 영업 부서 직원들에게 "한번 해보자." 하는 마인드가 형성되었습니다.

꿈과 비전 제시에 이어 나는 두 번째 경영 혁신 과제로 '시스템 경영'을 제안했습니다. 이때부터 많은 경영 프로세스를 도입하여 시행하였습니다. 업무 체계화를 시도한 것입니다.

중장기계획, 연구 과제 선정 프로세스, QC 매뉴얼, 생산 프로세스, 영업 전략회의, 시장 분석, 경쟁사 분석 등의 마케팅 이론 적용 등 수많은 혁신 과제를 마치 폭풍처럼 몰아붙였습니다.

관점 혁신의 실천

이때 내가 추진한 경영 혁신의 중요한 키워드 중 하나를 꼽으라고 하면 바로 '관점의 혁신'입니다. 이 말은 기술개발부터 영업 전략까지 그 힘을 발휘하지 않은 적이 없었습니다.

원래 이 말은 이전에 다른 경영 혁신기법에도 나와 있지 않은 나만의 독창적인 용어입니다. 그러나 항상 혁신 문제의 본질을 파악하기 위해 나에게는 '관점의 혁신'이 필요했습니다.

문제를 해결하기 위한 접근 과정에서도 관점을 다르게 하면 또 다른 혁신적인 답이 보이게 되었습니다. 이렇게 관점 혁신은 문제를 다시 정의할 수 있게 해주었습니다.

어떤 문제에 직면하거나, 어떤 과제를 맡았을 때, 어느 시각으로 그 사안을 보는가에 따라 결론이 달라집니다. 중요한 것은 문제에 대한 시각을 360도 다차원에서 바라보면 전혀 다른 대응 방안이 나오는 것입니다.

보는 시각이 다르면 생각이 바뀌고, 생각이 바뀌면 행동이 바뀌고, 행동이 바뀌면 결과가 전혀 다르게 나온다는 사실을 깨달았습니다. 즉, 어떤 관점이 시작부터 어떤 결과를 확정해줍니다.

예를 들어 고객이 어떤 문제를 제기하면 그 문제 자체에 집중하지 말고 육하원칙에 근거하여 분석적인 생각으로 '관점을 바꿔 보자'라는 것입니다. 그러면 가끔은 문제가 아닐 때도 있습니다.

최대한 깊이 그리고 섬세하게 문제를 연구해 보면 결과가 뒤바뀌는 것입니다. 우선 문제 해결의 시작은 잠시 뒤로 미뤄두고 육하원칙으로 문제의 정의부터 관점을 달리하는 것이 필요합니다.

문제가 제대로 정의가 되고 나면, 다시 시각을 뒤로 빼서 한없이 큰 틀에서 다시 그 문제를 바라봅니다. 그렇게 관점을 다르게 해보면 또 다른 해결책이 나오는 것을 경험하였습니다.

이후 나는 연구 개발 방식, 고객 대응 방식, 시장을 예측하는 방식, 재무 개선에 대한 방식 등 모든 영역에 이를 시험하고 나름대로 성과를 이루어 냈습니다.

 이 과정에서 생산부서를 포함한 일부 부서의 저항도 만만치 않았습니다. 우선 그들은 '왜 우리가 혁신에 참여해야 하는지' 공감하지 못했고, 관점 혁신의 개념을 이해하지 못하였습니다.

 그들은 기존에 하던 방식을 고수하는 경향이 강했습니다. 바로 관성과 매너리즘의 뿌리가 너무 깊다 보니 이런 변화의 바람에 동참하기가 쉽지는 않았습니다.

 하지만 성과는 사람을 춤추게 합니다. 매출 실적과 수익성이 조금씩 좋아지자 직원들이 움직이기 시작했습니다. 은근히 연말 특별 보너스와 차기 년도 연봉인상을 기대하기 시작하였습니다.

 나는 이 경영 혁신 과정에서 느꼈던 여러 가지 혁신들에 대해서 기업을 경영하는 경영진이나 간부 사원 또는 직원들에게 공유하고 싶어졌습니다. 이들 모두가 행복해지기 때문입니다.

 그들의 회사에도 이것을 적용에서 실천해 보면 어떨까 하는 생각을 간간이 하게 되었습니다. 나는 이 혁신이 반드시 성공하는 성공 전략으로 작용할 것이라고 확신했습니다.

 당신이 혁신의 성공을 꿈꾼다면 나의 안내를 받아보십시오. 나는 어두운 밤바다의 등대처럼 당신의 혁신의 길을 밝게 비춰줄 준비가 되어있습니다. 이제 당신의 결정만 남아 있습니다.

황문선의 '억만장자로 이끄는 경영 혁신'

억만장자의 꿈을 꾸어라

　당신은 진정으로 억만장자가 되기를 원하십니까? 혁신으로 당신의 회사가 크게 성공하기를 원하십니까? 당신은 항상 성공을 간절히 원해 왔습니다. 억만장자의 큰 꿈을 가지고 살아왔습니다.
　당신의 꿈은 당신의 회사가 성공하여 직원이 천 명, 만 명이 되는 것입니다. 당신의 회사가 크게 성공하고 이를 바라보는 주변의 많은 사람이 당신을 멘토 삼아 다 같이 성공하기를 기대합니다.
　내 생각에 당신은 이렇게 강한 성공의 의지를 갖고 있어야 합니다. 의지가 약한 사람에게는 꿈이 아무런 소용이 없습니다. 성공을 간절히 원하는 사람은 항상 꿈과 희망을 입버릇처럼 말하고 다닙니다. 그래야 진짜로 성공합니다.

"당신의 꿈은 무엇입니까?"라는 질문을 받으면 누구나 당황하기 마련입니다. 만약 당신이 그 질문을 받았을 때 그에 대한 답이 0.1초 이내로 재빨리 머리에 떠오르지 않는다면 잘못된 것입니다.

우리는 보통 밤하늘에 순식간에 지나가는 별똥별에 소원을 빕니다. 그러나 그 유성이 다 지나가고 나서 소원을 빌면 아무래도 그 소원을 들어줄 것 같은 느낌이 들지 않습니다.

그래서 꿈은 명확해야 하고 흔들림이 없어야 하며 한마디로 표현할 수 있어야 합니다. 지금이라도 늦지 않았으니 정확한 꿈을 정하십시오. 찰나의 순간에 바로 떠올릴 수 있는 꿈이 필요합니다.

그것은 인생이라는 먼 항해에서 최종 목적지를 나타냅니다. 꿈이 불명확하다면 우리의 방향타는 어디로 향할지 모릅니다. 인생의 힝로가 지그재그 삐뚤빼뚤 흔들릴 것입니다. 꿈을 정하십시오.

우리는 생활 주변 또는 방송이나 언론에서 많은 성공 신화를 봅니다. 그 성공 신화에도 절대로 빠지지 않는 단어가 꿈입니다.

미국의 흑인 인권운동가인 마틴 루서 킹 주니어(Martin Luther King Jr.)는 평소에 '꿈이 없는 자는 죽은 사람과 마찬가지다'라고 말하였습니다.

성공하는 사람은 반드시 꿈이 있습니다. 매우 구체적이고 머리에 떠올릴 수 있는 실체가 있는 꿈입니다. 꿈을 위해 작은 실천부터 시작하여 지속해서 노력하는 사람이 대부분 성공을 합니다.

꿈과 관련한 이야기로 소프트뱅크의 손정의(孫正義) 회장 이야기는 좋은 깨달음을 줍니다. 손 회장은 일본 최고의 부자로 2018년 개인 재산이 28조 8천억에 달합니다.

　손 회장은 1981년 9월에 고향 가까이에 있는 후쿠오카현 오도시로시에서 소프트뱅크를 창업했습니다. 에어컨도 없는 허름한 건물에서 달랑 아르바이트 직원 두 명과 같이 창업을 했습니다.

　손 회장은 창업 첫날 그 아르바이트 직원 2명을 앞에 놓고 귤 상자에 올라가서 한 시간가량 열변을 토했습니다. 곁에서는 낡은 선풍기가 윙윙 돌았습니다.

　"우리 회사는 세계 디지털 혁명을 이끌 것이다. 30년 후엔 두부가게에서 두부를 세듯 매출을 1조(엔), 2조(엔) 단위로 세게 될 것이다. 사업을 하겠다는 자가 1,000억이니 5,000억이니 하는 걸 숫자라 부를 수는 없지 않은가!"

　손 회장이 두부를 언급한 것은 일본에서는 두부 한 모를 '1조'라 발음하기 때문입니다. 어쨌거나 이렇게 고래고래 소리를 지르니 아르바이트 직원은 둘 다 완전히 기가 질린 듯했습니다.

　그들은 두 달을 못 채우고 나가 버렸습니다. "저 인간 제정신이야? 미친놈!" 하면서 말입니다. 그러나 아르바이트 직원들이 허황하고 미친 소리라고 비웃던 그 꿈을 손 회장은 다 이루었습니다.

　내가 중소기업에 입사해서 대표를 설득해 처음 제안한 것이 바로 꿈을 만드는 것이었습니다. 매출액 300억도 안 되는 회사에 '10년 내 매출액 1조 목표'를 언급하는 순간 대표는 깜짝 놀랐습니다.

그러나 나는 손정의 회장의 사례와 더불어 명확한 꿈이 우리에게 어떤 성과를 보여주는지 차분하게 설명하였습니다. 그러자 대표는 나중에는 눈빛을 빛내며 주먹을 불끈 쥐었습니다.

대표가 매출액 1조의 꿈으로 기획안 자료를 만들고 직원들 앞에서 그 꿈을 발표하자 모두가 웅성웅성했습니다. 나와 대표를 향한 그들의 의견은 예의는 있었지만, 본심은 비웃음과 야유였습니다.

그러나 오래지 않아 회사의 분위기는 눈에 띄게 달라졌습니다. 직원들이 처음에는 모두 코웃음을 쳤지만, 시간이 흘러 그 꿈을 받아들이기 시작하면서 완전히 분위기가 달라집니다.

혁신은 받아들이기까지 시간이 필요합니다. 그러나 받아들이기 시작하면 "내가 뭘 어떻게 해야 하는데?"라는 질문을 토해내기 시작합니다. 그러면 혁신의 전략을 쉽게 이야기할 수 있습니다.

관성과 매너리즘을 어떻게 버려야 하는지, 회사의 시스템 경영을 어떻게 갖춰 가야 하는지를 이야기할 수 있습니다. 매출 확대와 이익률 개선을 어떻게 해야 하는지를 이야기할 수 있습니다.

대표가 성공에 대한 강한 의지를 표현하고 그 성과를 나눠 갖겠다고 하는데 반발할 직원은 별로 없을 것입니다. 직원들이 대표가 천명한 꿈을 자신의 꿈으로 받아들이는 순간 혁신은 절반 이상 성공한 것입니다.

당신도 성공하고 싶으면 꿈을 만들어야 합니다. 개인의 꿈도 만들고 직원들과 같이 공감할 수 있는 회사의 꿈도 만드십시오.

꿈의 크기는 감히 꿈에도 도전하지 못할 수준의 높은 것이 더 좋습니다. 꿈과 혁신은 늘 함께 다니는 바늘과 실 같은 단어입니다. 꿈이 없으면 혁신을 이야기할 필요도 없습니다.

꿈은 사람의 심장을 뛰게 합니다. 없던 힘도 만들어 줍니다. 강한 '동기부여'를 해줍니다. 꿈과 혁신은 한 묶음의 단어입니다. 혁신은 실행이고 꿈은 목표입니다.

그러나 반드시 꿈이 먼저이고 혁신이 나중입니다. 혁신을 먼저 이야기하면 엄청난 저항을 받게 될 것입니다. 꿈을 먼저 이야기하십시오. 그 꿈을 받아들이면 이어서 혁신을 이야기하십시오.

이젠 당신이 시작할 차례입니다. 당신도 억만장자의 꿈을 말하십시오. 꿈이 작은 사람은 성공의 의지도 약하고 혁신의 의지도 약합니다. 약한 성공의 의지로는 혁신을 수행할 수 없습니다.

왜냐하면, 혁신은 뼈를 깎고 살을 도려내는 대수술입니다. 억만장자의 꿈, 찬란한 희망, 밝은 미래, 최고의 행복과 자유 같은 강력한 마취제가 없으면 도저히 감당 못 할 큰 고통입니다.

첫째, 상상하기 힘들 만큼 큰 꿈, 억만장자의 꿈을 만드십시오.
둘째, 직원 모두와 그 꿈과 비전, 가치를 공유하십시오.
셋째, 꿈이 받아들여지면 그때부터 혁신을 추진하십시오.

황문선의 '억만장자로 이끄는 경영 혁신'
꿈을 이루는 혁신의 길

당신은 행복한 억만장자의 꿈을 꾸십니까? 억만장자가 되려면 어떻게 해야 할까요? 큰 꿈을 이루고 큰돈을 벌려면 당신은 어떻게 해야 할까요? 나는 당신에게 그 길을 지도로 제시합니다.

경영 혁신을 통해 큰 부를 얻게 되는 목적지는 당신이 정해야 합니다. 이제 출발점에 서서 경영 혁신으로 억만장자의 한 걸음을 떼어야 합니다. 큰 뜻을 세웠다면 행동해야 합니다.

초심으로 돌아가라

첫째, 초심으로 돌아가 창업의 꿈을 불러와야 합니다.

당신이 잊고 살았던 꿈과 비전을 다시 떠올려야 합니다. 맨 처음에 당신이 가슴 설레며 희망으로 만들었던 바로 그 억만장자의 꿈입니다.

창업 전의 불평불만의 삶에서 벗어나 최초로 다짐했던 그 꿈입니다. 그때 당신은 분명히 억만장자를 꿈꾸었고 인생 최고의 행복과 건강과 자유를 꿈꾸었습니다.

그 꿈을 위해 당신은 직장 생활 대신 기업경영을 하고 있습니다. 행복을 위한 최선의 삶을 선택한 것입니다. 그러나 지금 현실을 돌아보면 당신은 일에만 흠뻑 파묻혀 살고 있습니다.

그런데 일하면서도 행복하지 않습니다. 당신은 꿈과 희망을 잃어갑니다. 지금은 회사 일만 생각하면 머리가 아픕니다. 행복하지 않은 일을 하다 보니 매일 시간에 쫓기고 바쁜 일상에 쫓깁니다.

나도 과거에는 남들처럼 열심히 직장 생활을 했습니다. 그러나 '왜 사는 게 똑같지? 왜 어제, 오늘, 내일이 똑같지?'라고 고민했습니다. 이런 삶이 우리가 원했던 삶일까요? 결코, 그렇지 않습니다.

나는 타성에 젖어서 생활한 것입니다. 문제는 나도 꿈과 희망이 없었다는 것입니다. 꿈을 위해 어떤 생활의 변화도 갈망하지 않았다는 것입니다. 하지만 나는 스스로 자기 혁신을 실행했습니다.

나는 당신에게도 혁신의 길을 제안합니다. 내 혁신의 길은 당신의 꿈과 비전에서 시작합니다. 창업의 초심 또는 창업정신에 들어 있었던 그 큰 꿈과 희망을 이제 다시 만드십시오.

같이 가치를 나누는 혁신

둘째, 당신은 행복을 나누는 혁신을 시작해야 합니다.

당신의 큰 꿈과 희망은 억만장자입니다. 억만장자의 목표는 단순히 돈만이 아닙니다. 행복한 삶을 사는 것입니다. 행복하지 않은 억만장자는 가짜 억만장자입니다.

행복을 같이 나누는 삶은 더 가치 있습니다. 혁신은 원래 당신 혼자서는 할 수 없습니다. 혁신은 시작부터 끝까지 조직 구성원이 같이해야 합니다. 모두가 행복하지 않으면 성과는 없습니다.

훌륭한 성과는 무엇보다도 '같이 가치를 나누는 혁신'에서 나옵니다. 가치를 나누면 혁신의 과정에서도 행복을 누리면서 성공적인 혁신을 이룰 수 있습니다. 혁신과 행복은 한 축에 있습니다.

혁신에 대한 직원들의 마인드는 어떨까요? 이들에게는 혁신은 귀찮은 일일 수도 있습니다. 평소에 하지 않은 것을 해야 합니다. 그리고 별로 성과도 없이 불편할 뿐이라는 고정관념이 있습니다.

나도 회사 생활할 때는 같은 마음이었습니다. 처음에는 새로운 것을 시도하나 싶어 신선한 마음도 있고 열정도 있었습니다. 그러나 점점 귀찮아지고 관심도 사그라집니다.

결과도 대체로 성과 없이 끝이 납니다. 이런 것들이 몇 번 누적되어 고정관념이 생깁니다. 이는 경영진과 직원들이 같이하는 행복이 없는 혁신을 수행했기 때문입니다.

혁신의 마음에는 행복한 기대감이 필요합니다. 아침에 집을 나서서 출근할 때도 행복한 마음으로 회사를 향해 출발해야 합니다. 모닝커피를 마시며 오늘 해야 할 일도 즐겁게 맞이해야 합니다.

당신은 회사에 이런 분위기를 만들 수 있습니다. 혁신을 실천하면서 같이 행복하고 이룬 성과도 같이 누리면 혁신이 완성됩니다.

새로운 혁신의 마인드

당신은 어떻게 하면 경영 혁신을 잘할 수 있을까요? 당신은 마인드부터 바꿔야 합니다.

첫째, 당신의 가치에 자부심을 느끼십시오.

당신은 자신의 가치를 모르고 있습니다. 이미 당신은 경영에 천재성을 보유하고 있습니다. 당신만이 그것을 모릅니다. 단지 당신은 작은 깨달음이 부족합니다. 당신은 원래 잘했던 사람입니다.

지금까지 회사가 유지되고 있다는 뜻은 당신과 당신의 회사에 좋은 핵심 역량이 있다는 뜻입니다. 하지만 당신은 이 정도 성취를 전부라고 생각하면 안 됩니다. 훨씬 더 큰 꿈을 준비해야 합니다.

이제 당신은 자신의 가치를 열 배, 백 배 높다고 생각하고 더 큰 경영 목표를 정하십시오. 목표와 더불어 당신의 삶과 지혜가 담긴 경영이념을 정하고 직원과 함께 공유하십시오.

이렇게 새로운 기업의 이미지를 만들어 가십시오. 이것이 최고의 마케팅 전략입니다. 당신의 가치와 철학과 비전이 고스란히 녹아 들어간 회사가 진짜로 훌륭한 회사입니다.

둘째, 꾸준히 멘토를 찾으십시오.
당신이 현재 아는 것이 전부가 아닙니다. 지혜로운 사람은 주변에 얼마든지 있습니다. 필요하면 비싼 수업료를 내고라도 지혜의 혁신을 배워야 합니다.
나는 늘 생각합니다. '나보다 똑똑한 전문가는 내 주변에 오천 명쯤 있다.'라고 말입니다. 그 오천 명에게 한가지씩만 배워도 오천 가지입니다.
하루에 하나씩만 배워도 대략 14년 정도 걸립니다. 이들의 장점을 비교분석도 하고, 혹은 반면교사로도 삼으십시오. 혁신의 지혜는 멀리에 있지 않습니다. 찾아보는 열정만큼 지혜가 커집니다.

셋째, 당신의 회사를 새롭게 하십시오.
새롭게 하는 것이 말 그대로 혁신입니다. 오늘 당신의 직원에게 '새로운 회사를 하나 만들어 주는 것' 같은 기분을 느끼게 해주십시오. 회사의 분위기는 90% 이상을 경영진이 만듭니다.
직원들이 새로운 회사에 출근하는 기분을 느끼게 되면 당신은 혁신에 성공할 수 있습니다. 어제와 다른 내일이 직원들에게는 필요합니다. 제2, 제3의 창업은 바로 이런 것을 해줍니다.
이런 마음가짐 자체가 혁신입니다. 회사가 새로우면 직원도 새롭게 태어납니다. 직원들도 스스로 이전의 낡은 마인드를 버리는 것입니다. 그리고 그 마인드는 즐겁고 신나고 행복할 것입니다.

짜증과 불만이 같이 오는 혁신은 부정 마인드입니다. 미래는 긍정적이고 밝고 희망찬 것이어야 합니다. 당신은 혁신을 통해 나날이 행복한 회사를 만들 수 있습니다.

넷째, 고객과 함께하는 혁신을 하십시오.

당신이 꿈꾸는 억만장자는 고객과 함께 미래를 바라봐야 합니다. 당신이 억만장자가 되려면 백만 명을 즐겁게 해주면 됩니다. 당신이 제조업을 하면 혁신적인 제품을 만들어야 합니다.

당신이 서비스업을 하면 혁신적인 서비스를 제공해야 합니다. 당신은 충분히 이것을 해낼 잠재력을 가졌습니다. 당신의 회사는 반드시 세계적인 회사로 성장할 수 있습니다.

당신이 억만장자가 되고 당신의 직원은 수억 원의 연봉을 누릴 수 있습니다. 하고 싶은 일을 마음껏 하고 최고의 행복과 자유를 누리며 사는 삶이 진짜 삶입니다.

하루에 몇 시간을 힘든 일을 해도 큰 꿈과 높은 목표가 있다면 당신은 행복해질 수 있습니다. 푼돈에 쩔쩔매는 삶을 살지 마시고 이제부터 백억, 천억, 조를 꿈꾸는 억만장자가 되십시오.

당신의 용기 있는 선택이 당신의 미래를 변화시킬 것입니다. 당신이 꿈꾸면 그런 회사를 얼마든지 만들 수 있습니다.

황문선의 '억만장자로 이끄는 경영 혁신'
성공하는 목표관리 비법

 당신의 회사는 목표관리를 어떻게 하고 있습니까? 나는 혁신적인 목표관리 방안을 제안합니다. 첫째, 목표를 매우 과하게 높여 잡아야 합니다. 둘째, 모두 함께 목표를 크게 외치는 것입니다.
 이 두 가지가 목표관리의 핵심 요인입니다. 당신이 억만장자를 꿈꾸신다면 목표관리부터 다시 생각해야 합니다. 조직의 목표는 설정부터 성과관리까지 중요하지 않은 것이 하나도 없습니다.
 목표의 설정이 잘못되면 결과가 달라집니다. 반드시 지혜가 필요합니다. 그리고 목표를 달성해가는 과정에서도 혁신적인 전략이 필요합니다. 그 천재적인 방법을 지금부터 제시해 드립니다.

목표는 과하게 높게 잡아라

업무 계획을 수립하는 과정에서 목표 설정은 회사 직원들과 경영진과의 한판 대결입니다. 직원들은 가능한 한 목표를 낮추려고 합니다. 그들은 달성 가능한 수준까지만 하려고 합니다.

반면에 경영진은 가능한 한 높이려고 합니다. 연말 성과 포상의 문제가 결부되어 있어서 그렇습니다. 그러나 성과 포상의 문제를 별개로 하고, 업무 목표는 무조건 매우 높여 잡아야 합니다.

전사적 목표부터 개인의 업무 목표까지 무조건 초월적으로 높게 잡는 것이 좋습니다. 상식선에서 달성할 만한 수준을 훨씬 넘어서는 초월적인 수준으로 높여 잡아야 합니다.

예를 들어 당신이 직원 한 명으로 동네에서 작은 슈퍼마켓을 운영한다고 가정합니다. 직원이 열을 잘해서 전년도에 월매출 1억, 월 수익 500만 원의 훌륭한 실적을 기록했습니다.

이제 당신은 내년 매출과 이익 목표를 얼마를 제시하겠습니까? 보통 경영자는 전년 실적에 10% 정도로 월매출 1억 천만 원, 월 수익 550만 원을 제시할 것입니다. 제법 공격적인 목표입니다.

그러나 혁신 경영자는 월매출 2억에 월 수익 천만 원을 목표로 책정할 것입니다. 이렇게 상식보다 초월적인 목표를 제시하는 것이 목표 설정의 혁신입니다. 목표는 사람의 생각을 통제합니다.

목표가 작으면 작게 생각합니다. 보통 경영자처럼 목표를 주면 직원은 슈퍼마켓 하나에만 집중합니다. 인기 상품을 재배치하거나, 매장 앞에 할인 제품 가판대를 더 설치하는 것 등입니다.

미끼 상품으로 고객을 유인하는 전략도 씁니다. 같은 종류라면 조금 비싼 제품을 구매 유도하는 것도 중요 전략입니다. 이는 주어진 상황에 순응하면서 큰 변화 없이 만드는 성장전략입니다.

그러나 혁신 경영자의 목표로는 이야기가 완전히 달라집니다. 직원은 현재의 조건으로는 목표를 전혀 달성할 수 없다고 생각할 것입니다. 그래서 생각을 혁신적으로 확장하게 됩니다.

직원은 "사장님, 매장을 하나 더 열어 주세요. 현재와 같은 규모로요."라고 말입니다. 만약 당신이 두 배의 매출과 수익이 욕심난다면 이 기회를 절대 놓칠 이유가 없습니다.

수펙스 목표란?

내가 근무했던 SK그룹에서는 업무 목표를 설정할 때 수펙스(SUPEX) 목표를 설정합니다. 수펙스는 'Super Excellent'의 약어입니다. 이 단어의 의미는 '인간의 노력으로 도달할 수 있는 가장 최고의 수준'을 의미합니다.

SK그룹은 모든 그룹사의 업무 목표를 수펙스 수준으로 설정합니다. 목표 자체를 초월적인 수준으로 설정하면 그 목표 달성을 위한 추진 전략이 일반적인 생각이 아니게 됩니다. 비상한 생각이 아니면 수펙스 목표를 달성할 수 없게 됩니다.

내가 수펙스 목표를 활용하여 성공한 사례를 소개합니다. 내가 기술과 기획 담당 이사로 중소기업에 입사하여 10개월이 지난 상황입니다. 차기 년도 업무 계획을 수립할 때입니다.

당해 회사는 연말 예상 매출 실적은 약 322억이고, 영업 이익은 10.4억이었습니다. 그리고 영업에서 수립한 내년 목표는 매출액 340억에 영업 이익 12억 정도였습니다.

나는 영업 계획을 보고 뭔가 문제가 있다고 짐작하였습니다. 이런 계획이 나온 배경에는 영업부 간부 사원들의 나태함이 작용하고 있었습니다. 현재 거래처만 잘 유지하면 된다는 태도입니다.

나는 대표에게 수펙스 목표를 제안했습니다. 매출액 400억, 영업 이익 15억을 제안했습니다. 대표도 깜짝 놀랐으나 매우 좋아하였습니다. 본인이 이 목표를 전체 회의시간에 발표하였습니다.

발표 직후 무엇보다도 영업과 생산부는 엄청난 불만을 쏟아 내었습니다. 대표는 단호한 태도로 목표를 밀어붙였습니다. 회의적이었던 직원들이 시간이 가면서 "한번 해보자!"라고 생각합니다.

왜냐하면, 나는 대표를 설득해서 목표 달성에 상당한 성과 포상을 공약하게 하였습니다. 그것은 연봉인상과 연말 특별 상여금입니다. 결과는 명백합니다. 연말에 놀라운 기적이 일어납니다.

이 회사는 매출액 401억을 달성했습니다. 영업 이익도 14.6억으로 목표에 가까이 근접하는 성과를 이룩했습니다. 직원들은 열심히 일한 대가로 연봉인상과 성과급을 받았습니다.

이 혁신 프로젝트를 추진하면서 나도 깜짝 놀랐습니다. 큰 목표를 설정하고 노력하면 엄청난 결과를 얻을 수 있다는 깨달음을 얻었습니다. 인간의 무한한 잠재력에 대한 확신이 생겼습니다.

꿈을 더 크게, 목표를 더 크게, 생각을 더 크게 하십시오. 생각의 틀이 바뀝니다. 목표가 크면 상식 이상의 전략을 생각하게 됩니다. 그리고 그 꿈은 반드시 이루게 될 것입니다.

목표를 크게 외쳐라

당신의 직원들은 회사의 비전과 목표를 잘 알고 있습니까? 당신은 신년 초에 각종 모임에서 비전과 목표를 수시로 공표합니까? 공표할 때마다 직원이 다 같이 소리 내어 외칩니까?

지금까지 그렇게 하지 않고 있다면 목표를 달성하기 쉽지 않을 것입니다. 목표는 크게 소리 내어 외쳐야 성과로 잘 돌아옵니다. 당신의 회사는 여러 모임에서 비전과 목표를 소리쳐야 합니다.

경영진이 선창으로 "우리 회사의 비전은?"이라고 물으면,
직원들은 "10년 후 매출액 3천억, OO 분야 국내 최고의 회사"
이렇게 모두 한목소리로 힘차게 답해야 합니다.
또 경영진이 "우리의 연간 목표는?"이라고 외치면,
직원들은 "매출액 300억, 영업 이익 10억"

이런 퍼포먼스를 자주 수행해야 합니다. 성공은 크게 외칠 때 한 걸음 더 당신 곁으로 다가옵니다. 대기업은 이런 행위를 실제로 많이 하고 있습니다.

시무식, 조회, 회의시간, 안전 교육 시간 등 전체 직원이 모이는 대부분의 자리에서는 늘 이런 구호를 외치고 있습니다. 경영진은 직원들과 늘 비전과 목표를 공유합니다.

더구나 대기업은 공장마다 회사의 목표와 부서의 목표가 적힌 플래카드를 붙여 둡니다. 직원 중 누구를 붙잡고 물어봐도 '회사, 부서, 본인의 연간 목표' 이 세 가지는 즉답이 나오게 교육합니다.

목표는 배의 방향타입니다. 방향타가 도착 지점의 항구를 향하고 있지 않으면 엉뚱한 곳으로 배가 갑니다. 따라서 당신의 직원들에게 회사의 목적지가 어디인지를 정확히 인식시켜야 합니다.

직원들의 마음속에 서로 다른 종착지를 생각하고 있다면 노 젓는 방향이 달라질 것입니다. 그러면 힘이 모이지 않고 배가 지그재그로 운항할 것입니다. 아니면 제자리에서 뱅뱅 돌 수도 있습니다.

목표를 크게 외치는 것은 사소한 것 같지만 효과는 매우 강력합니다. 목표가 가장 조직화 되어있는 집단은 군대라고 합니다. 군대의 목표는 적을 궤멸시키고 적의 고지를 점령하는 것입니다.

중국의 고전에 있는 사례를 소개합니다. 중원을 차지하기 위해 초나라와 한나라는 치열한 전쟁을 치릅니다. 전투의 과정에서 초

패왕 항우는 기세를 무기로 전투에서 매번 승리하였습니다.

항우는 전투에서 항상 선두로 치고 나갑니다. 최전방 공격수로 먼저 뛰쳐나가고, 뒤를 바로 이어 용맹스러운 장수들이 좌우 날개를 맡습니다. 그리고 강동의 8천 자제들이 뒤따라 돌진합니다.

뒤따르는 병졸들이 창만 올곧게 들고 나가면 한나라의 몇 십만 대군도 일거에 두 동강이를 내버립니다. 폭풍 같은 기세로 일거에 적을 밀어붙이는 것입니다.

이런 강렬한 기세를 만들어 내기 위해 항우는 이렇게 크게 소리칩니다. "자! 목표는 하나, 저기 있는 유방의 수자기 깃발이다. 유방을 잡아야 싸움이 끝난다. 나를 따르라! 진격하라!" 항우는 스스로 날카로운 창끝이 되어 앞으로 돌진합니다.

뒤따르는 무리는 창끝에 힘을 실어주는 장내가 되어 다 같이 "유방을 잡아라! 진격하라!"라고 외치며 돌진합니다. 그 외침의 기세에 의기가 꺾인 한나라군은 주춤주춤 물러서다 패군이 됩니다.

또 다른 사례를 소개합니다. 세계 1위 도시락 회사 스노우폭스의 김승호 회장은 〈김밥 파는 CEO〉, 〈생각의 비밀〉 등의 저자입니다. 그는 강연에서 "꿈을 매일 100번씩 적어라"라고 말합니다.

그리고 "원하는 것을 소리 내어 하루에 100번씩 100일 동안 내뱉어라"라고 말합니다. 이것은 자신의 성공담입니다. 이렇게 해서 무일푼으로 시작하여 크게 성공한 프랜차이즈 대표가 되었습니다.

놀라운 것은 자신의 꿈을 노트에 쓰고, 입으로 내뱉는 행위가 기폭제가 되어 사람은 자기 생각과 행동을 바꾸게 된다는 것입니다. 그래서 그 꿈을 이루기 위한 변화된 행동을 실천하게 됩니다.

당신이 억만장자의 꿈을 이루려면 목표에 집중하십시오. 목표를 초월적으로 높게 잡으십시오. 그리고 그 목표를 직원과 함께 공유하고 직원들이 모일 때마다 다 같이 크게 외치십시오.

황문선의 '억만장자로 이끄는 경영 혁신'
기세와 탄탄한 코어로 성공하라

당신은 인간의 의지를 얼마나 믿습니까? 나는 인간의 강한 정신력에 의해 불가능이 가능해지는 마법을 믿습니다. 나는 이러한 힘들이 우리의 상상을 훨씬 초월한다고 생각합니다.

위기의 순간에 초월적인 힘을 발휘한다거나 간절한 염원이 있을 때 기적적으로 그 일이 이루어지는 사례가 종종 있습니다. 나는 기공이나 기(氣) 치료를 믿는 사람은 아닙니다.

하지만 상당히 많이 기를 중시합니다. 기업의 성패는 '기세 싸움'에 있습니다. 우리 회사가 경쟁사에 비교해 기세나 에너지가 약하다면 시장에서도 반드시 뒷순위로 밀립니다.

회사의 기세가 약할 때는 고객의 생산현장에서 기술 담당자가 품질 승인 테스트를 하고 있을 때도 부정적으로 작동합니다. 고객 생산 설비 담당자에게 기에서 눌리면 그 테스트는 성공하기 어렵습니다.

기세의 영향은 영업 담당자가 가격을 올리는 협상 테이블에서도 작동합니다. 본인이 마음속에 "혹시 가격 올리면 거래 끊기는 거 아냐?"라고 의심하면 반드시 가격을 못 올리게 되거나 목표 수준에 미달하게 됩니다.

손자병법, 초한지, 삼국지 등 중국 고전에서 자주 언급되는 한판 싸움의 큰 흐름이 있습니다. 보통은 기세 싸움에서 승리하는 편이 반드시 이깁니다.

들판에서 적군과의 전투 상황을 가정합니다. 싸움을 개시하자마자 우리 편에서 싸움 꽤 하는 장수가 뛰쳐나갑니다. 상대편의 진영 앞에서 대적할 장수를 큰 소리로 불러냅니다.

"나랑 한판 붙을 장수 있으면 나와 봐라. 똥개처럼 가랑이 사이로 꼬리 감추지 말고. 빨리 나와 봐!" 이렇게 우리 장수가 큰 목소리로 상대 장수들을 꾸짖어 대며 불러냅니다.

얼떨결에 나온 상대 장수를 우리 장수가 한 칼에 이겨 버리면 대세는 결판납니다. 상대 졸개의 대열은 흐트러지고 모두 창칼을 거꾸로 쥐고 도망가기 바쁩니다. 그것으로 승패는 결정이 납니다.

전투의 기세 싸움과 더불어 다른 사례로 겨울철의 눈사람 만들기에 대해 한번 생각해 봅니다. 보통 놀이터에 눈이 쌓이면 눈덩이를 굴려 눈사람을 만듭니다.

결론부터 말하자면 눈사람을 잘 만들기 위해서는 '기세와 탄탄한 코어(core, 알맹이)' 두 가지가 필요합니다. 눈사람을 만들기 위해서는 눈덩이를 잘 굴려서 만들어야 합니다.

눈덩이가 작을 때는 문제없지만, 어느 정도 크기가 되었을 때 굴리다 멈추면 다시 굴리기 힘듭니다. 눈덩이가 계속 구르고 있어야 밀기 편합니다. 이렇게 계속 굴러가는 힘이 기세입니다.

특히 내리막 오르막이 반복해서 있을 때 안정적으로 눈을 굴리려면 조금씩 가속이 필요합니다. 내리막에서 속도를 너무 늦추면 다시 오르막길을 올라가기 힘들어집니다. 그래서 기세로 밀어붙이지 않으면 결국 눈덩이는 멈춰 버립니다.

또한, 눈덩이를 굴릴 때 신경 써야 하는 것이 바로 탄탄한 코어의 응집력입니다. 나는 이것을 기업 혁신의 '핵심 역량'으로 보고 있습니다. 어느 정도 크기가 커진 눈덩이는 굴릴수록 더 커질 수도 있고, 반대로 더 작아지는 일도 있습니다.

만약 이미 만들어진 눈덩이가 중심이 튼튼하게 만들어져 핵심 코어가 탄탄하다면 잘 부서지지 않고 계속 눈덩이가 불어납니다. 그러나 코어가 튼튼하지 않으면 눈덩이를 굴리면 굴릴수록 가장자리 눈들이 조금씩 떨어져 나가 버립니다.

기업경영에서 이런 기세와 탄탄한 코어의 사례는 얼마든지 존재합니다. 단순히 월간 조회 하나만 보아도 그렇습니다. 대기업 경력사원 출신의 박 부장이 중소기업에 막 입사했을 때의 일입니다.

회사는 매월 첫 월요일 아침에 전체 직원이 모여 조회를 시행합니다. 원래 출근 시간은 9시까지인데 이 조회는 8시 50분에 시작합니다. 월요일 아침은 늘 교통 체증으로 도로가 정체됩니다.

직원들은 집에서 30분은 일찍 출발해야 겨우 맞추는 시간입니다. 조회 전체를 총무 이사가 진행합니다. 조회 순서는 우선 전체 공지사항을 발표하고 업무 계획 보고와 안전 교육을 합니다.

박 부장이 몇 번 지켜본 조회는 맥 빠지는 분위기였습니다. 이전 직장과 너무 대조되는 분위기입니다. 이 조회는 전체 직원을 대상으로 하는 제법 무게감이 있는 자리입니다.

그런데 조회의 개회와 폐회 선언이 없습니다. 국민의례도 없습니다. 웅성거리다 바로 공지사항 전달부터 시작합니다. 뒷자리는 조회가 시작되었는지 아닌지도 잘 모릅니다.

자리 배치도 일반적으로 앞에서부터 높은 직급별로 앉는 것과 달리 역순으로 자리에 앉습니다. 마치 직급이 높을수록 뒷자리 구석으로 뒷짐 지고 빠지는 모습입니다.

업무 실적과 계획을 보고할 때는 어떤 발표자는 목소리가 작아 뒷자리에 앉은 사람들에게는 잘 들리지도 않습니다. 발표자도 사원부터 임원까지 딱히 직급이 정해진 바가 없습니다.

심지어는 보고 자료는 있는데 발표자가 출장을 가버린 일도 있습니다. 한참 발표자를 찾다가 없으면 다음 발표자로 넘어갑니다.

게다가 경영진이 발표자에게 세부 질문 같은 것도 하지 않습니다.

그저 참석한 사람들은 제발 시간이 빨리 가기를 기도하고 있는 것 같습니다. 왜 하필 월요일 아침에 조회하는지 불만이 가득해 보입니다. 조회가 끝날 때까지 아무 관심이 없어 보입니다.

결론적으로 이런 조회는 직원들의 사기만 저하할 뿐입니다. 빨리 없애든지, 아니면 운영 방식을 바꾸든지 해야 합니다. 직원들의 기(氣)가 빨려 나가는 조회입니다.

회사는 여러 사람이 모여서 일하는 곳입니다. 화합하는 조직은 사람의 기가 하나하나 모이고, 이렇게 모인 낱개의 기들이 튼튼한 코어를 중심으로 큰 흐름을 만들어 냅니다. 그 큰 흐름이 에너지가 되어 업무의 성과에 작용합니다.

조직원들이 화합하지 못하면 기와 기가 부딪혀 잘 모이지 않습니다. 코어의 탄탄함이 생기지 않습니다. 또 구성원 하나하나의 사기가 약하면 기가 모여 봐야 큰 힘이 되지 않습니다.

구성원의 의욕이 낮거나 사기가 없으면 어떤 조직도 망합니다. 그래서 대표나 경영진들 또는 부서장들은 개인의 기를 늘 북돋아 주어야 합니다. 끊임없이 기를 키워주는 말을 해야 합니다.

기세와 관련하여 대표 권한을 위임받은 한 중소기업 임원이 나에게 해준 이야기입니다. 회사에서 매번 회의를 주관할 때마다 분위기가 가라앉아있어 자신이 그냥 한 가지 제안을 했다고 합니다.

회의 시작할 때와 끝날 때 "우리 크게 웃으면서 열정적으로 박수를 10초만 치자"고 제안한 것입니다. 이를 몇 달 동안 지속했더니 회의 집중도가 엄청나게 높아졌다고 합니다.

게다가 점차 직원들의 업무에 대한 실수가 눈에 띌 만큼 줄었다고 좋아하였습니다. 그저 회의시간에 크게 웃고 크게 손뼉을 친 것이 전부인데 뜻하지 않은 효과까지 얻은 것입니다.

나도 회사에 기술 이사로 근무할 때 이를 그대로 따라 해보았습니다. 특히 회의가 지루해지는 틈틈이 손뼉 치기를 시행하였습니다. 확실히 회의 집중력이 높아지는 효과를 얻었습니다.

당신도 쉽게 실행할 수 있습니다. 먼저 회의 시작 전부터 상호 간에 밝고 크게 인사하게 하십시오. 회의 시작과 끝에 다 같이 힘차게 소리치며 손뼉을 치게 하십시오.

회의도 힘차게 진행하고, 회의시간에 자주 큰 소리로 외치십시오. 직원들에게 '모두 힘내자! 다 같이 성공하자!'라고 기를 북돋아 주는 것이 회사의 곳간을 두둑하게 하는 좋은 수단입니다.

이것이 조직 문화로 정착되면 훌륭한 회사로 성장하고 발전합니다. 직원들에게 "지금 참 잘하고 있어, 훌륭해! 조금만 더 노력하면 좋은 성과가 나올 거야! 자 한 번 더 집중하자!" 경영진은 이렇게 자주 외쳐야 직원들의 기가 살아납니다.

직원들을 매일 야단치고 '바보, 멍청이'라고 질책하면 결국 회사에는 바보와 멍청이만 존재하게 됩니다. "왜 일을 그따위로 하는 거야?"라고 말하면 제대로 일하는 직원은 점점 줄어듭니다.

　혁신을 위해서는 직원들과 경영진이 강하게 뭉치는 힘이 필요합니다. 불신으로 서로 기를 갉아먹지 말고 신뢰로 직원들의 기세를 튼튼하게 만드십시오.

　그 중심에 당신이 있어야 합니다. 강력한 기세와 탄탄한 코어로 어떤 장애물을 만나도 이겨내십시오. 그리고 반드시 혁신에 성공하고 직원들과 함께 행복해지십시오.

황문선의 '억만장자로 이끄는 경영 혁신'
성공을 위해 도전하고 변화하라

 당신은 혁신의 반대말을 무엇이라고 생각하십니까? 내 생각에 혁신의 반대말은 '관성과 매너리즘'입니다. 정확히 혁신에 대한 저항도 이 관성과 매너리즘에서 기인합니다.
 혁신의 사전적 의미는 '묵은 조직이나 제도, 풍습, 방식 등을 바꾸어 새롭게 하는 일'입니다. 변화와 혁신은 같은 의미로 쓰거나 상호 치환해서 쓰기도 합니다.
 하지만 변화와 혁신은 상당한 의미 차이가 있습니다. 변화는 '사물의 성질, 모양, 상태 따위가 바뀌어 달라지는 것'을 뜻하며 사전적 뜻으로도 비교적 수동적인 의미가 있습니다.
 그리고 혁신은 '뭔가를 바꾸어 새롭게 하는 것'으로 강한 의지의 표현입니다. 그렇다면 혁신의 반대말은 무엇일까요? 뭔가 '바꾸지 않고 전혀 새롭게 하지도 않는다.'가 반대말입니다. 그래서 혁신의 반대 개념으로 관성과 매너리즘을 지목합니다.

매너리즘에 관하여

첫째, 매너리즘(mannerism)은 예술 창작에 있어서 늘 같은 방식을 되풀이하여 신선미나 독창성을 잃는 것을 말합니다.

우리나라 말로는 '타성(惰性)', 즉 오래되어 굳어진, 좋지 않은 버릇 또는 오랫동안 변화나 새로움을 꾀하지 않아 나태하게 굳어진 습성을 말합니다.

직장인의 일상적인 생활을 예로 들어보겠습니다.

김 대리는 오늘 아침에도 어제와 같은 시간에, 같은 길을 따라 출근을 하고, 어제처럼 컴퓨터 전원을 켜고, 커피를 한잔 타서 마십니다. 컴퓨터 화면의 뉴스를 읽으면서 오늘 할 일을 생각합니다.

아침의 시작이 어제와 똑같습니다. 그리고 오늘도 어제랑 같이 회의하고 자료 작성하고 비슷한 일과가 진행될 예정입니다. 어제와 오늘이 크게 달라진 것이 없습니다.

내일도 오늘과 패턴이 똑같을 것입니다. 이렇게 똑같은 하루를 지내다가는 5년이나 10년 후 미래도 여전히 변화가 없을 것입니다. 어떤 행동의 변화도 없이 미래가 나아지기를 바라는 사람은 사실 도둑놈 심보입니다.

　이 문제를 김 대리도 잘 알고 있습니다. 하지만 김 대리는 뭔가 달라져 보려고 생각하지 않습니다. 가끔 생각은 해도, 망설이다 실천을 못 합니다.

　김 대리는 타성에 흠뻑 젖어 있고, 매너리즘에 빠져 있습니다. 뭔가 바뀌는 것이 두렵고 귀찮아서 더 생각하기도 싫습니다. 그냥 그렇게 사는 것이 좋습니다.

관성의 법칙에 관하여

　둘째, 관성의 법칙을 생각해 봅니다. 매너리즘보다는 관성은 조금은 쉬운 단어입니다. 물리학에서 관성(慣性)은 '어떤 물체에 작용하는 힘이 없을 때 그 물체가 운동의 상태를 유지하려는 경향'을 말합니다. 그냥 하던 대로 계속하는 것입니다.

　차가 출발할 때 차 안의 사람의 몸이 뒤로 쏠리는 현상도 관성이고, 그리고 급정거할 때 앞으로 쏠리는 현상도 관성입니다.

　관성(inertia)의 영어 어원은 '게으르다, 쉰다.'라는 뜻을 가진 라틴어 'iners'입니다. 아이작 뉴턴은 그의 책 '자연철학의 수학적 원리'에서 관성을 운동 제1 법칙으로 정의했습니다.

　뉴턴은 관성을 '외부 힘이 가해지지 않으면 물체는 일정한 속도로 움직인다.'라고 정의했습니다. 나는 뉴턴이 정의한 관성보다는 '게으르다'라는 'iners'의 어원이 참 많이 공감이 갑니다.

관성과 매너리즘의 법칙이 의미하는 것은 두 단어 모두 변화에 대한 저항입니다. 모든 변화에 대해서는 저항이 생깁니다.

아무 변화도 추구하지 않고, 안정된 삶을 꿈꾸며, 하루하루 행동을 바꾸지 않고, 그냥 있는 그대로 살아가면 관성과 매너리즘의 법칙대로 당신의 삶은 아무 변화가 없을 것입니다.

이는 모두 관성과 매너리즘이 강하게 작용하기 때문입니다. 내부와 외부의 변화에 대한 돌파력은 도전을 의미합니다. 따라서 도전을 추구하면 내외부로 관성과 매너리즘의 저항을 받게 됩니다.

도전은 당신을 편하지 않은 상황과 변화된 환경에 놓이게 합니다. 그래서 도전은 익숙하지 않은 위험(risk)을 동반합니다. 하지만 위험을 동반한다고 해서 도전하지 않는 삶이 더 문제입니다.

그래서 〈성공하는 사람들의 7가지 습관〉의 스디븐 코비는 '가장 큰 위험은 위험 없는 삶이다(The greatest risk is the risk of riskless living)'라고 말합니다.

이전에 근무했던 한 회사는 매년 초마다 조직 변경과 인사 발령을 하였습니다. 사내에 혹자는 불평을 털어놓습니다. "일 좀 해볼 만하면 조직을 죄다 흔들어 놓고. 도대체 어떻게 일하란 말이야?"

그렇지만 나는 이 변화에 대해 긍정적인 면을 보려고 합니다. 대기업에서 수행 과제의 규모로 보면 1년짜리 소규모 과제는 거의 없습니다. 대부분 2~3년짜리 과제입니다.

따라서 조직이 변하고, 윗사람이 새롭게 변해도 실무자는 업무가 거의 그대로입니다. 그러나 조직이 변경되면 우리가 하는 일을 새롭게 정리하여 연초에 '업무보고'를 해야 합니다.

이렇게 과제를 새로 정리하는 과정에서 새로운 생각이 개입하게 됩니다. 1년이든 2년이든 수행 과정에서 생긴 문제점을 과제 담당자는 또 다른 시각으로 치열하게 고민하게 됩니다.

조직 구성원에게 이 과정이 편하지는 않습니다. 팀장들도 마찬가지입니다. 바뀐 조직과 팀원으로 목표와 전략을 짜야 하는 불편이 생깁니다. 하지만 그 불편함이 또 새로운 힘을 부가해 줍니다.

당신은 변화에 대한 불편함을 어떻게 생각하십니까? 잘못된 삶의 방식에는 항상 관성이 작용합니다. 운동을 배우나가 몇 개월 중지하고 다시 시작하면 그 사이에 기본자세가 다 틀어집니다.

잠시 쉬는 사이에 애써 만들어 놓은 운동 근육이 퇴화하기 때문입니다. 그래서 몸이 편한 방식으로 움직이는 것입니다. 운동 근육이 퇴화하는 것이 매너리즘이고, 바로 관성입니다.

반대로 뭔가에 도전하면 그것이 불편해집니다. 항상 100% 성공을 보장받지 못하기 때문에 더 그렇습니다. 알리바바로 유명한 중국 최고의 부자 마윈이 한 강연에서 이렇게 이야기했습니다.

"저는 정말 많이 실패했어요. 초등학교 시험에 두 번 낙제했고, 중학교 시험에도 세 번 낙제했고, 그리고 대학도 삼수했어요. 취업에서는 무려 30번이 떨어졌어요.

경찰에도 지원했다가 5명 중 4명이 합격하였는데 떨어진 1명이 저였고요, KFC 치킨집도 24명이 지원했는데 떨어진 한 명이 바로 저예요. 그래서 나는 거절당하는 일이 일상이었죠.

내가 하버드에도 지원했다고 말했었죠? 열 번 지원해서 다 떨어졌어요. 여러분도 이러한 실패에 익숙해져야 해요. 우린 그렇게 잘나지 않았거든요. 이 순간에도 우리는 수없이 많은 거절을 받고 있습니다. 나도 죽을 맛이었어요."

마윈은 계속해서 자신의 끊임없이 도전하는 삶을 더 이야기합니다. 수많은 좌절에도 불구하고 절대로 포기하지 않고, 계속해서 싸우고, 변화시키고, 도전할 것을 강조합니다.

이렇게 마윈은 많은 실패에도 결코 현실에 만족하지 않았습니다. 마윈이 수많은 좌절에도 불구하고 계속해서 도전하지 않았다면 알리바바의 성공은 아마 이 세상에 없었을 것입니다.

당신도 도전과 혁신이 없으면 변화도 없을 것입니다. 당신의 인생은 어제랑 똑같은 내일이 수십 년간 반복될 것입니다. 당신도 이제 매너리즘과 관성에서 벗어나 혁신을 시작하십시오.

매너리즘과 관성은 사람의 영혼을 좀 먹는 세균과 같습니다. 당신은 지금보다 훨씬 더 잘할 수 있습니다. 더 잘할 수 있는데 도전하지 않고 있습니다. 도전하고 성공하는 것이 더 큰 행복입니다.

황문선의 '억만장자로 이끄는 경영 혁신'
과감한 실행으로 혁신에 성공하라

　당신은 혁신전략의 실행에 얼마나 많은 무게감을 두십니까? 내가 생각하기에 혁신은 실행전략입니다. 실행하지 않으면 하나도 성과를 얻지 못하는 것이 경영 혁신입니다.
　기업 대부분이 혁신을 많이 떠들고 있으나 항상 아무것도 변화가 없는 이유는 실행이 부족하기 때문입니다. 기업의 규모와 상관없이 혁신이 문제가 되는 것은 항상 미흡한 실행입니다.
　어떤 지식과 정보를 넓게 깊게 잘 알더라도 실행이 없으면 지혜가 아닙니다. 아는 것을 하나라도 제대로 실행하는 것이 지혜입니다. 당신도 머리로만 알고 실행하지 못하는 것이 많습니다.
　아무리 이론적으로 우수한 전략이 수립되고 좋은 혁신 과제가 선정되었다 하더라도 제대로 실행이 되지 못한다면 소용이 없습니다. 올바른 혁신은 반드시 쉽게 실행할 수 있어야 합니다.

혁신이라는 것은 새로운 것을 기존의 틀과 다른 형태로 직원들에게 행동하라고 요구하는 것입니다. 그래서 넘어야 할 많은 장애 요인들이 기다리고 있습니다. 저항의 산이 생각보다 높습니다.

직원들이 싫어하는 혁신의 실행

첫째, 실행이 어려운 이유는 직원들에게 싫은 것을 억지로 하라고 하는 것입니다. 기업에서 혁신을 위해 어떤 대안을 내놓았을 때, 대부분 구성원은 이를 바로 받아들이지 않습니다.

이를 적극적으로 실행하기보다는 여러 가지 실행하기 어려운 이유를 조목조목 들이댑니다. 그러면서 반대하는 경우가 엄청나게 많습니다. 단순히 반대를 위한 반대도 있습니다. 심지어는 자신의 아이디어가 아니어서 반대하는 사람도 있습니다.

따라서 행동으로 이어지는 혁신을 추구하기 위해서는 '훌륭해 보이는 혁신전략의 수립'에 에너지를 쏟기보다는 작은 것이라도 적극적으로 실행할 수 있는 과감한 조치가 필요합니다.

비유를 한번 해봅니다. 사랑하는 연인이 연애하다가 몇 년의 세월이 지났을 때 한쪽은 '이제 결혼을 하자'고 말하고, 한쪽은 '이제 헤어지자'라고 말을 하고 있습니다.

헤어지기를 원하는 쪽이 상대방을 더 많이 사랑하고 있다고 이야기합니다. 이는 믿을 수 없는 거짓말입니다. 사랑하는 사람은 결코 헤어질 이유를 찾지 않습니다.

반대로 사랑이 식은 사람은 어떤 상황에서도 헤어질 이유만을 찾습니다. 혁신도 마찬가지입니다. 실천을 거부하는 조직원들은 대안이 없이 여러 이유를 들어 실천하지 못하겠다고만 말합니다.

그렇다면 그 구성원은 결코 혁신이 이뤄지기를 바라지 않는다는 뜻입니다. 따라서 강한 힘으로 그들을 누르기 전에는 결코 실행하려 하지 않습니다.

최 대표는 혁신전략으로 사업 확장 전략을 추진합니다. 그는 매출 확대에 필요한 외부의 기술 제공자를 물색하고 있었습니다. 지인을 통해 기술제공 적임자로 박 사장을 추천을 받습니다.

최 대표는 박 사장과 수차례 만나 기술제공 방법을 협의합니다. 박 사장은 조직에 얽매이기 싫어서 처음부터 영입 제안은 거부합니다. 그래서 기술 컨설팅 계약으로 협의를 거의 완료합니다.

협의 과정에서 박 사장은 최 대표의 간절한 요청에 컨설팅 시간을 충분히 제공하기로 양보합니다. 이에 최 대표는 최종적으로 관리 담당 임원을 박 사장에게 보내 계약 확정을 추진합니다.

그러나 최 대표 의견과 달리 관리 이사는 갑자기 전혀 다른 말을 합니다. 그는 자기 회사는 원래 기술 컨설팅이 필요 없다는 것입니다. 그런 이유로 컨설팅 금액을 낮게 고정해 버렸습니다.

이는 최 대표와의 협의를 묘하게 틀어서 박 사장이 받아들이기 힘든 조건으로 바꿔버린 것입니다. 박 사장은 컨설팅 계약 체결을 거부했고, 협상이 결렬됩니다.

이에 아쉬운 최 대표는 재협상을 요청합니다. 최 대표는 어떻게든 일이 성사되기를 원했습니다. 그러나 실무 임원은 마치 협상 결렬을 기다렸다는 듯이 '2차 협상은 없다'라고 못을 박았습니다.

오직 최 대표만이 원하는 것을 얻지 못했습니다. 최 대표는 자신이 원하는 것을 얻으려면 자신이 가진 힘으로 밀어붙여 계약을 체결했어야 합니다. 반드시 실행을 유도했어야 합니다.

기술 컨설팅은 혁신의 수단으로 보면 약간 애매한 부분이 있습니다. 조직 혁신전략과는 거리가 멉니다. 사업 다각화나 신사업 전략은 내부의 권력 다툼이 존재하는 상황에서 수행합니다.

이는 신규 세력이 힘의 우위를 확보하기 위해 자신의 세력을 키우기 위한 혁신전략입니다. 신사업을 추진하면서 외부 세력을 영입하고 기존의 세력을 억누르는 것이 이 전략입니다.

반면에 컨설팅은 조직 외부의 사람으로 계속 남아 있으므로 이를 수행하는 것에는 한계가 있습니다. 조직 내에 들어와서 대표와 함께 혁신을 도모해주는 세력이 필요합니다.

책임만 부여하는 혁신의 실행

둘째, 혁신전략의 실행이 어려운 이유는 책임 소재입니다. 혁신전략의 과제가 조직 구성원에게 너무 무겁게 느껴지면 실행은 불가능합니다. 책임 부담이 크면 직원들은 절대 움직이지 않습니다.

첫째, 과제의 규모가 너무 커도 부담을 느낍니다. 둘째, 과제 실패에 대한 책임감도 실행을 가로막는 요소입니다. 과제 실패에 따른 자신의 자책과 경영진의 질책 모두가 실행의 장애 요인입니다.

따라서 책임의 부담을 대표나 임원진이 충분히 떠안아줘야 합니다. 책임을 충분히 덮어 줄 수 있을 때 과감한 실천이 이뤄집니다. 만약 조직원에게 "네가 책임지고 실행해."라는 식으로 혁신 과제 수행을 지시한다면 적극적인 실천은 요원한 것입니다.

중소기업 박 대표는 생산팀 혁신 과제로 생산과정의 다양한 품질 불량의 요인과 대응 방안 조사를 선정하였습니다. 생산팀 정 과장에게 이를 구성원과 합의하여 보고하도록 하였습니다.

지시한 지 한 달 만에 생산팀 전원이 있는 자리에서 정 과장이 초안을 보고하였습니다. 박 대표는 보고 초반에는 내용을 잘 경청하였습니다. 보고 초반에 생산 설비 문제들이 먼저 나왔습니다.

그러다 점점 사람의 실수에 의한 불량이 보고되었습니다. 박 대표가 보기에는 너무 어이가 없는 실수투성이였습니다. 박 대표는 이들 자잘한 실수에 점점 화가 나기 시작했습니다.

박 대표는 갑자기 생산 팀원들에게 조목조목 따지기 시작했습니다. 각 사례에 대해 하나하나 책임 추궁을 시작했습니다. "이거 누가 했어? 야, 그걸 실수라고 하니? 정신을 어디에 두고 생산을 하는 거야? 이래놓고 급여를 올려달라고?"

보고가 끝나고 나서 박 대표는 정 과장에게 재발 방지책이 부족하다고 수정 보고를 지시했습니다. 그러나 그 이후 박 대표는 재보고를 전혀 받지 못했습니다.

정 과장은 바쁘다는 핑계로 끝내 보고를 하려 하지 않았습니다. 팀원의 문제를 박 대표에게 일러바치는 행동은 더 하고 싶지 않아서입니다. 아마 하더라도 초안보다 축소해서 보고했을 것입니다.

이런 문제는 혁신을 추진하면서 일상적으로 나오는 행태입니다. 문제를 수면 밖으로 끌어내지 않으면 혁신이란 없습니다. 과거의 문제를 너무 따지기 시작하면 모두 몸을 움츠리게 됩니다.

당신은 그렇게 하지 않을 것 같지만, 당신이 인간인 이상은 그렇게 할 가능성이 큽니다. 그래서는 절대 안 됩니다. 당신이 직원들에게 혁신을 실행하게 하려면 혁신과 행복을 같이 부여해야 합니다. 혁신은 자발적인 혁신이 가장 중요합니다.

만약 혁신과 같이 떠오르는 단어가 '의무, 책임, 질책, 고생'이라는 단어들이면 절대로 혁신에 성공할 수 없습니다. 혁신은 모든 과정이 행복해야 과감한 실행으로 바로 이어집니다.

첫째, 혁신은 매우 쉬운 과제부터 우선 수행하게 합니다. 쉽게 성과가 나오게 함으로써 성취감을 맛보게 해야 합니다.

둘째, 혁신을 수행하는 데 저항한다면 때론 힘과 권한으로 눌러야 합니다. 혁신은 그렇게 밀어붙여야 더 빠르게 실행할 수 있습니다.

셋째, 실패에 대한 책임은 면해 주어야 합니다. 심지어는 책임이 될 만한 실천 과제는 일단 제외해 보는 것입니다. 실패의 책임 추궁보다 도전적인 혁신의 실천이 먼저입니다.

넷째, 과거의 실수를 너무 따지지 말아야 합니다. 과거의 실수를 자유롭게 이야기할 수 있어야 개선안이 나옵니다. 몸을 움츠리고 숨어버리면 혁신은 물 건너갑니다. 숨지 않아야 혁신은 성공합니다.

다섯째, 어쩔 수 없이 의무와 책임을 부여해야 한다면, 반드시 실적에 대한 넉넉한 성과 포상을 공약으로 내세워야 합니다. 그래도 가능한 한 의무와 책임을 당신이 충분히 나눠 가지십시오.

황문선의 '억만장자로 이끄는 경영 혁신'
관점 혁신으로 본질을 파악하라

    당신은 관점에 대해 어떻게 생각하십니까? 당신은 항상 올바로 관찰하고 올바르게 판단한다고 생각하십니까? 우리는 대체로 객관적인 판단보다 어떤 선입관 안에 갇혀서 결정을 내립니다.
    생각보다 본인의 판단이 합리적이라고 하지만, 우리는 바보 같은 결정을 할 때가 너무 많습니다. 의외로 사람은 사기를 많이 당합니다. 그런데 사기꾼들은 천재거나 뛰어난 인물이 아닙니다.
    내가 막 대학에 입학했을 때입니다. 나는 어쩌다가 몇 개월 용돈에 해당하는 도서 시리즈를 할부로 계약해 버렸습니다. 나중에 어렵사리 계약 해지를 받아내었지만, 이것이 내가 인생 첫 번째로 당한 사기의 기억입니다.

내가 책 사기를 당할 때는 상대방은 나의 내면에 감춰진 잠재적 욕망을 자극한 것이었습니다. 나는 학습 욕구가 매우 강해 보입니다. 생긴 외모만 얼핏 봐도 그렇게 생겼습니다.

나에게 사기 계약을 끌어낸 사람은 험상궂게 생긴 깍두기 형님이 아니었습니다. 편안하게 웃는 얼굴의 중년 아줌마였습니다.

그리고 유창하지도 않은 말로 "학생 이번에 입학했지? 이거 대학 공부에 도움이 되는 책들인데, 공장도 가격으로 판매하고 있어. 우리 남편이 출판사를 해서 학생에게만 특별히 반값에 파는 거야."

대충 이런 대화가 이어진 지 채 30분도 안 되어 나는 계약을 했습니다. 내 손은 바로 계약서에 서명하고 지로 영수증 6개월 분량을 받고 있었습니다. 몇 개월 용돈에 해당하는 거금이었습니다.

내 마음이 현혹된 것입니다. 나의 학습 욕구는 자극받았고, 싸게 많은 책을 한꺼번에 살 수 있다는 유혹에 빠진 것이었습니다. 정신 차리고 논리적인 판단을 시작했을 때는 이미 늦었습니다.

내가 사기를 당한 이유는 판단의 관점이 좁아졌기 때문입니다. 사기꾼 아줌마는 책의 필요성과 싼 가격으로 나의 시각을 제한시켜 버렸습니다. 나의 관점을 일순간 고정해 버린 것입니다.

나는 꼭 책을 사야 한다는 것 외의 어떤 고려도 하지 않았습니다. 잘못된 관점으로 결심을 굳힌 것입니다. 만약 그 상황에서 뭔가 문제가 있다고 관점을 확장했다면 다른 판단을 했을 것입니다.

내가 관점의 문제를 생각한 것은 회사 생활 초기입니다. 입사했을 때 나의 직무는 연구원이었습니다. 창의력을 발휘해야 하는 상황이었고, 연구원에 해당하는 다양한 교육을 받았습니다.

당시 내가 참여한 교육은 창의력 계발이나 혁신적 사고, 논리적 사고, 마인드맵, 브레인스토밍, 트리즈 같은 것들이었습니다.

나는 수년간 지속한 교육 훈련 속에서 한 가지 일맥상통하는 흐름을 보았습니다. 이들의 교육의 공통점은 '관점을 달리하면 지혜로운 깨달음을 얻는다.'라는 것입니다. 다른 관점이 좋은 아이디어를 만들어 줍니다.

서로 다른 관점으로 보기

관점을 달리하면 다른 것이 보이는 예를 들어보겠습니다. 만약 당신이 도시의 사거리 교차로를 보고 있다고 가정합니다. 관점의 차이나 보게 되는 대상이 다른 예를 들어보겠습니다.

첫째, 높은 비행기 위에서 보는 관점입니다. 이 시각에서 사거리 교차로는 그냥 열십자 모양으로 보입니다.

둘째, 사거리 건널목에 서서 보면 반대편 빌딩들이 보이고 건널목 중간에서 보면 도로를 건너는 사람들이 보입니다.

셋째, 길을 건너다 하늘을 바라보면 날아가는 새와 구름이 보이고, 땅바닥을 바라보면 흰색 페인트 줄과 맨홀 뚜껑이 보입니다.

이 세 가지 관점은 사람마다 보는 시야와 방향에 따라 목적물이 다르게 보인다는 것을 의미합니다. 멀리에서 보거나, 가까이에서 보거나, 위를 보거나, 아래를 보거나 모두 다른 것을 보게 됩니다.

게다가 더 중요한 점은 관점은 목적에 의해 만들어질 수도 있다는 것입니다. 대체로 시각은 목표 지향적입니다. 목표를 가진 관점의 차이를 생각해 보겠습니다.
첫째, 이 교차로에서 병원이나 미용실을 찾고 있는 사람이 있다면 이쪽저쪽 건물의 간판들을 주로 바라볼 것입니다.
둘째, 여자 친구를 만나러 온 청년은 여자 복장의 사람들 위주로 바라볼 것입니다.
셋째, 배가 고픈 사람에게는 식당들이 보이고, 만날 친구가 있는 사람은 커피숍이 보일 것입니다.

이렇듯이 교차로라는 정해진 공간에서 사람들은 서로 다른 것을 바라보고 있습니다. 이것이 바로 관점의 차이입니다.

관점은 또한 자신의 지위(position)에 따라 달라집니다. 예를 들어 회사의 품질 불량의 문제를 바라보는 시각이 각각의 지위마다 다릅니다. 대표 입장과 제품을 생산한 생산팀 견해가 다릅니다.
기술 서비스 담당자의 입장과 영업적인 배상을 처리해야 하는 사원의 입장도 이들과 다릅니다. 각자의 관점에서 바라보기 때문에 각자의 의견이 다릅니다. 이에 대한 해결책도 달라집니다.

관점 혁신은 문제를 남들과 전혀 다른 시각으로 바라보는 것부터 시작합니다. 그런데 다르게 보려면 목적성을 가져야 합니다.

숨은그림찾기를 할 때 그냥 문제를 보고만 있으면 목적물을 잘 찾을 수 없습니다. 찾고자 하는 형체를 명확히 생각해야 합니다. 내 머리에 이미지로 정확히 찍혀있어야 그것을 찾을 수 있습니다.

결과가 달라지는 관점의 변화

나는 비교 평가라는 실험을 자주 했습니다. 그 과정에서 관점을 달리하면 결과가 어떻게 달라지는지 잘 알고 있습니다.

가령 A와 B 회사가 모두 토끼 인형을 제조한다고 가정합니다. 당신의 회사는 현재 A 회사의 토끼 인형을 매입하여 유통하는 상황입니다. 그런데 후발주자인 B 회사가 저가공략을 해옵니다.

B 회사는 같은 토끼 인형을 10% 싼 가격에 당신 회사에 공급할 수 있다고 제안합니다. 당신은 두 회사의 토끼 인형을 가져다 놓고 차이점을 분석해야 합니다.

이 업무 담당자는 매우 혼란스러운 상황이 될 수 있습니다. 두 토끼가 어떻게 보면 유사한 것도 같고, 어떻게 보면 뭔가 조금 다른 것 같기도 합니다. 다르기도 하고 같기도 합니다.

분명히 다른데 콕 찍어서 뭐가 다른지 말하지 못합니다. 분명히 같은데 정확히 똑같다고 말을 못 하는 상황에 봉착합니다. 이것은 일반인의 관점입니다. 전문가의 관점은 아닙니다.

그러나 나는 여기서 관점 혁신을 동원하면 결과가 어떻게 달라지는지 설명해 드리겠습니다. 관점에 따라 정확히 두 가지 상반된 답변이 나옵니다.

우선 당신은 담당자에게 이렇게 지시합니다. "김 과장, 이번에 B 회사가 가격이 괜찮은 것 같은데 A 회사 제품과 비교해서 별문제 없으면 B 회사 토끼로 바꾸려 하네. 자네가 한번 검토해 봐."
이러면 김 과장은 B 회사 제품을 '채택을 전제로 한 차이점 검사'를 실시합니다. 그래서 김 과장은 어지간한 차이도 넘어갑니다. 차이를 찍어낼 수 없다면 두 제품이 유사하다고 결론을 냅니다.
당신은 또 다른 사람에게 이렇게 지시합니다. "박 과장, 이번에 B 회사가 가격이 싸게 들어왔는데 A 회사 토끼랑 잘 비교해 봐. 가격이 싸도 잘못 바꾸게 되면 큰 문제니까 꼼꼼히 잘 살펴봐야 해"
이렇게 말하면 불채택을 전제로 한 검사입니다. 박 과장은 B 회사 토끼로 바꾸고 나서 문제가 생기면 자신의 책임입니다. 책임을 회피하기 위해 박 과장은 다른 점을 꼼꼼히 점검할 것입니다.
이렇게 관점에 따라 똑같은 사안이라도 결론을 달리 내립니다. 따라서 관점 혁신은 어떤 경우 특정한 관점을 고의로 개입시키기도 해야 하고 어떤 관점을 제외하기도 해야 합니다.
관점을 개입시킬 때는 아예 박 과장에게 A와 B 회사 토끼의 차이점을 무조건 5가지 이상을 관찰해 내라고 지시합니다. '5가지 차이'라는 관점 안으로 박 과장을 밀어 넣어 줍니다.

반대로 특별한 관점만을 제외할 때는 앞의 김 과장 사례처럼 '두 토끼가 다르다'라는 부정적인 관점을 논점에서 제외해 버리도록 유도하는 것이 그것입니다.

이렇게 관점을 달리하면 회사에서 문제점으로 지적되는 것이 또 다른 관점으로 보면 중요한 장점일 수도 있습니다. 이런 식으로 남들과 다른 관점을 갖고 사안을 보아야 합니다.

회사 경영은 A부터 Z까지 어느 것 하나도 놓칠 수 없는 종합예술입니다. 따라서 우리는 시야가 넓어야 합니다. 다양한 문제의 핵심을 뚫어 보는 통찰력을 가져야 하고 혜안을 가져야 합니다.

통찰력과 혜안에는 분석적인 시각이 필요합니다. 분석적인 시각을 충족시켜 주는 것이 관점 혁신입니다. 회사의 여러 가지 문제를 모두 관점을 달리하여 재해석하시기 바랍니다.

한 가지 문제를 재무회계 관점, 기술개발의 관점, 품질경영의 관점, 인재 경영의 관점, 제조 혁신의 관점 등등 여러 가지 관점을 가지고 다면 평가를 해보시기 바랍니다.

첫째, 경영 혁신의 출발은 관점 혁신입니다.
둘째, 다르게 보되 목적을 가지고 보아야 합니다.
셋째, 관점을 고의로 넣고 빼고 해야 합니다.
넷째, 본질을 보려고 노력하고 제대로 분석해야 합니다.

황문선의 '억만장자로 이끄는 경영 혁신'
주원인과 부원인을 구분하라

문제를 해결하려면 원인 파악이 정확해야 합니다. 당신은 원인 파악을 위해 어떤 시각, 어떤 관점으로 문제를 바라보십니까?

나는 나만의 독특한 분석법이 있습니다. 나는 관점 혁신을 통해 현상에 집중하지 않고 본질에 집중합니다. 이는 추상적인 표현이라 어렵다고 생각할 수도 있겠으나 절대 어렵지 않습니다.

내가 한 회사의 기술 연구소에 근무할 때입니다. 신규 진입 업체인 A 회사에 M 제품을 공급하기 위해 영업팀과 기술 연구소 담당자인 내가 총력을 기울일 때 사례입니다.

문제의 원인을 파악하라

당시 경쟁사인 B 회사의 M 제품이 A 회사에서 불량을 일으키고 있었습니다. 무색투명한 TPU 시트를 제작할 때 푸른 형광이 나타나 고객 불만이 지속해서 제기되는 상황이었습니다.

나는 B 회사 M 제품을 입수하여 A 회사에서 알려준 똑같은 테스트 설비를 구축하고 A 회사의 품질검사 과정에 따라 TPU 시트를 제작해 보았습니다. 명확히 불량인 푸른 형광이 나타났습니다.

그리고 우리 회사 M 제품을 여러 조건을 달리하여 실험을 진행하였습니다. 그런데 우리 회사 M 제품의 특정 불순물이 극미량씩 증가하고 감소함에 따라 형광이 달라졌습니다.

보통 색을 띠려면 발색단이나 조색단 중에 한 성분이 있어야 합니다. 그러나 M 제품에는 푸른 형광을 띠는 성분은 전혀 들어 있지 않았습니다. 그 불순물도 이론적으로는 색깔과 관련 없습니다.

이렇게 의심은 있으나 확증이 없는 상황에서 A 회사는 매일매일 내게 전화해 개선 테스트 진행이 어떻게 되고 있냐고 문의해 왔습니다. A 회사는 나의 노력밖에 달리 방안이 없는 상태였습니다.

심지어는 우리 회사 영업팀에서 대표이사에게까지 이 사안을 보고하여 저를 압박했습니다. 앞의 실험결과에 따라 M 제품의 특정 불순물을 감소시키려면 생산 공정을 크게 흔들어 놓게 됩니다. M 제품이 한 종류 더 늘어나서 저장 설비도 하나 더 필요하고,

운송 차량도 더 필요한 것이라서 생산팀을 매우 불편하게 만드는 일이라 그들의 반대가 만만치 않았습니다.

그래서 논리적으로 공장장이나 생산부장을 잘 설득할 수 있어야 이 문제에 대한 대응책이 마련됩니다. 그러나 근거 자료도 없고 이론적으로 증명도 쉽지 않아서 이를 설명할 길이 없었습니다.

나는 누구나 이해 가능한 합당한 설명이 필요했습니다. 주원인 조사를 위해 정밀 조사에 착수했습니다. 모든 원료를 고순도 제품으로 치환해보는 방법으로 테스트를 더 진행해 보았습니다.

그런데 원료 중 하나인 가교제를 바꾸자마자 완벽하게 푸른 형광이 사라졌습니다. 심지어는 고순도의 가교제를 사용하면 불순물과 무관하게 형광 문제가 완벽히 사라져 버리는 것이었습니다.

즉시 논문을 검색하여 확인해보니 가교제의 특정 성분이 형광을 일으킬 수 있다는 이론적 근거가 존재했습니다. 가교제 성분이 주원인이고 M 제품의 불순물은 부원인입니다.

총알과 방아쇠

나는 이에 크게 깨달은 바가 있었습니다. 대부분 문제에서 원인이 명확해지면 해결책이 쉽게 나옵니다. 그러나 신이란 존재는 항상 살며시 장난을 칩니다. 언제나 문제를 한번 꼬아서 냅니다.

문제의 원인을 몇 가지를 던져 줍니다. 그중 하나가 주원인이고 나머지는 보조 원인입니다. 이를 구별하기 어렵게 만듭니다. 비유하자면 핵심 원인은 총알(bullet)이고 부원인은 방아쇠(trigger)입니다.

총알이 날아가서 과녁에 구멍을 만드는데, 이를 날아가게 하는 것은 방아쇠입니다. 신은 주원인인 총알은 꼭꼭 숨겨 놓고 방아쇠는 잘 보이게 해 놓았습니다.

손가락으로 방아쇠를 당기기 때문에 사람들은 방아쇠에 집중합니다. 과녁에 총알이 박히지만, 일반인은 방아쇠가 구멍의 주원인이라고 착각합니다. 그래서 사람들은 방아쇠만 자세히 조사하고 파헤칩니다. 그러면 항상 끝에서 오리무중으로 빠져 버립니다.

이 사례에서도 주원인은 가교제라는 총알이지만 M 제품의 불순물이 방아쇠 역할을 합니다. 불순물 함량에 따라 푸른 형광이 영향을 받으므로 이것이 격발하는 방아쇠 역할을 했던 것입니다.

부원인을 전략적으로 활용하라

주원인과 보조 원인을 구별해 낸 후 나는 이를 전략적으로 활용할 방안을 고민하기 시작했습니다. 그래서 나는 우리 회사와 B 회사의 M 제품 생산 공정이 어떻게 다른지 확인해보았습니다.

불순물 처리 과정이 명백히 달랐습니다. 그렇다면 우리 회사는 이를 관리할 수 있고, B 회사는 관리가 어려운 상황입니다. 그리고 나는 A 회사에 가교제를 어떤 제품을 쓰는지도 확인했습니다.

고순도 가교제 제품은 가격이 비싸 쓰지 못하는 상황이었습니다. 형광의 주원인이 함유된 제품을 쓸 수밖에 없는 상황입니다. 나는 강한 자신감을 느끼고 생산부서 설득 자료를 만들었습니다.

자료에는 가교제는 뒷순위로 빼고 M 제품 불순물로 형광을 방지하는 전략을 수립했습니다. 이렇게 공장의 협조를 얻어 A 회사에 M 제품을 신규로 공급하고 이후부터 연간 매출액 50억을 추가로 달성하였습니다.

이렇게 명확한 원인을 찾아 전략을 세우면 내 손에 강력한 무기를 가지게 됩니다. 방아쇠와 총알의 사고방식은 관점 혁신의 결과물입니다. 끝까지 파고드는 끈기의 산물입니다.

이런 태도가 필요한 이유는 방아쇠의 오류에 빠지지 않기 위한 것입니다. 이는 시각이 넓지 않으면 불가능합니다. 앞의 예처럼 이론적으로 완벽한 뒷받침이 없을 때는 의심이 꼭 필요합니다.

어떤 현상과 원인이 이론적으로 잘 맞아떨어지지 않을 때 그것은 주원인이 아니라 부원인일 가능성을 고려해야 합니다. 그리고 정확히 판단해야 합니다. 왜냐하면, 부원인과 주원인을 구별해내면 그를 이용할 방법도 저절로 알게 되기 때문입니다.

당신도 관점 혁신을 통해 이처럼 문제의 핵심을 명확히 꿰뚫어 보아야 합니다. 깊은 통찰력이 없는 보통 사람들은 보이는 현상에만 계속 집중합니다. 이때 당신은 본질을 보아야 합니다.

원인이 불분명한 상황에 대해 복합적인 원인이 있는 것이라고

치부해 버리면 안 됩니다. 그리고 원인이 복합적이니 문제 해결 방법도 복잡하다고 손 놓아 버리면 안 됩니다.

원칙적으로 원인은 명확히 주원인과 부원인으로 분리됩니다. 반드시 주원인을 해결하기 전에는 절대로 문제가 없어지지 않습니다. 부원인보다 주원인에 집중하기 바랍니다.

주원인과 부원인을 구별해서 보는 방법은 관점 혁신의 한 사례입니다. 관점을 달리해보십시오. 그러면 주원인이 명확해집니다.

황문선의 '억만장자로 이끄는 경영 혁신'
천금 만금보다 강한 경청

당신은 경청이 얼마나 중요하다고 생각하십니까? 나는 소통의 가장 기본을 경청이라고 생각합니다. 그런데 경청은 소통 이상의 가치가 있습니다. 상상을 초월하는 가치입니다.

사람들이 대체로 영업부서에 근무하면 말이 많아집니다. 기술 영업을 해도 이는 마찬가지입니다. 특히 이런 업종 종사자가 중년이 넘어가면 기가 입으로 쏠려 매우 말이 많아집니다.

나이가 들면 어느 정도 지식수준도 높아져서 상대방에게 말발로는 절대로 지지 않게 됩니다. 이들은 미팅 석상에서 대화가 끊기면 0.1초를 참지 못합니다. 늘 새로운 화제를 던집니다.

그러나 이런 방식의 대화가 얼마나 쓸모없는 것인지를 아는 사람은 몇 명 되지 않습니다. 사실 대화의 상대인 고객도 말을 많이 하고 싶어 합니다. 우리는 그 말을 반드시 들어줘야 합니다.

고객 방문은 정보를 얻으러 가는 것입니다. 그러나 미팅 내내 나만 말하고, 내가 할 말만 계속 생각했기 때문에 상대가 무슨 말을 했는지 기억할 수 없습니다.

그래서 고객이 말한 내용을 생각해 낼 수가 없습니다. 따라서 말을 많이 하려고 서로가 빈 순간을 절대로 용납하지 않는 대화는 전혀 상대방 뇌에 내 기억이 남지 않습니다.

경청이 어떤 중요한 결과를 만들어 내는지 사례를 들어봅니다. 최근 A 회사와 거래처는 대금 결제의 문제로 갈등의 골이 깊어 공급 중단 지전까지 갔었습니다. 거래처 김 사장이 화가 나서 거래중단을 선언했기 때문입니다.

다행히 기술 담당 송 이사의 중재로 겨우 다시 거래를 재개하게 됩니다. 기술 이사의 배려로 서로가 화해를 위한 자리가 마련되었습니다. 두 회사 대표와 영업부장이 만난 미팅 상황입니다.

홍 대표 : 저희가 이번엔 큰 실수를 했습니다. 다음부터는 우리 서로 돈독한 신뢰를 구축하고, 이런 문제가 없도록 하시지요? 우선 너그럽게 이해해 주시고요.

김 사장(거래처) : 하하, 저야 그래 주시면 고맙지요. 제가 원인을 제공했으니까요. 정식으로 사과드립니다. 그런데 이번에 송 이사가 중간에서 조율을 참 잘해 주었습니다.

  이 부장(영업) : 네, 맞습니다. 하마터면 거래가 끊길 뻔했는데 송 이사가 이번에 큰 역할을 했습니다. 영업부장인 저보다 나아요. 김 사장님! 앞으로는 제가 더 열심히 하겠습니다.

  김 사장(거래처) : 네, 부장님도 감사합니다. 마침 송 이사 말이 나왔으니 한 말씀 드리지요. 외람되지만 이번에 갑자기 공급을 중단하신 말을 듣고 제가 화가 많이 났었습니다.

  그래서 B 회사 제품 테스트를 했어요. 여차하면 공급처를 바꿔 버리려고요. B 회사는 테스트 합격 판정이 나자마자 바로 거래를 하자고 주장하더군요. 그래서 제가 이렇게 말했습니다.

  "일단 잠시 기다려 주세요. 혹시 A 회사 기술 담당 송 이사를 아십니까? 그분이 저희 담당인데요, 여기 출장을 오면 제가 두세 시간을 혼자 떠들어도 조용히 웃으면서 그 말을 다 들어 줍니다.

  송 이사와 같이 있으면 시간이 어떻게 지나가는지 모릅니다. 저 혼자 열심히 떠들고 있거든요. 사실 저는 A 회사 보고 물건을 쓰는 것이 아니라 송 이사 얼굴 보고 쓰는 겁니다.

  물론 A 회사가 가격이나 품질도 나름 좋지만 다른 회사도 그만큼은 나옵니다. 저는 송 이사를 함부로 잘라낼 수 없습니다. 잠시 며칠만 기다려 주세요."

  B 회사 담당자도 송 이사를 잘 안다고 하더군요, 그 친구 하는 말이 "송 이사가 원래 그런 사람인지 압니다. 제가 굉장히 어려운 상대를 만났네요." 이렇게 말하고는 바로 공급을 포기한 겁니다.

홍 대표 : 아! 네. 그런 일이 있었군요. 우리 송 이사를 그렇게 잘 봐주셔서 감사합니다. 조만간 송 이사 내려 보낼 테니 두 분이 식사라도 같이하세요. 하여튼 오늘부로 화는 다 푸시고요.
김 사장(거래처) : 네. 감사합니다. 이 부장도 수고 많았어요.

경청이 가끔 이처럼 놀라운 결과를 가져옵니다. 고객과 상대하는 몇 십 분의 시간 속에서 말과 주장이 아니라 조용한 경청이 고객의 기억에 더 남아 있을 수 있습니다.

이렇게 경청은 때때로 커다란 힘을 발휘하며 천금보다 더 가치가 있습니다. 경청을 혁신적인 관점에서 바라보지 않고서는 이런 사례는 좀처럼 이해하기 힘든 것입니다.

게다가 혁신의 문제 중에도 경청의 문제가 어려운 주제 중 하나입니다. 왜냐하면, 경청은 실천이 쉽지 않습니다. 경청은 오랫동안 훈련으로 몸에 익숙하지 않으면 되지 않습니다.

지금 당장 '내가 경청해야지' 하고 마음을 굳게 먹어도 실행이 쉽지 않습니다. 상대와 대화를 하다 보면 나도 모르게 내 머릿속에는 다음에 할 말만을 생각하고 있기 때문입니다.

그리고 상대방 말을 잘 듣기만 한다고 해서 경청도 아닙니다. 상대방이 내가 경청을 하고 있음을 느낄 수 있게 해줘야 경청을 잘하는 것입니다.

경청의 사례로 또 하나를 소개합니다. 화학제품 유통 사업을 하는 친구가 한 고객을 2년 동안 방문했습니다. 그 친구는 방문해서 차를 마시면서 고객 담당자와 늘 가벼운 대화만 했습니다.

친구는 어떤 영업과 관련한 말도 하지 않았습니다. 친구는 평소에도 말이 별로 없는 성격입니다. 주로 고객 담당자가 여러 가지 이야기하는 것을 잘 들어주기만 하는 것입니다.

그런데 고객 담당자가 어느 날 갑자기 물었습니다. "인제 그만 빈손으로 다니시고, 견적서 좀 넣어 보실래요?" 친구는 평소에 준비해서 다녔던 견적서를 그 자리에서 바로 주었습니다.

친구는 견적을 제시한 바로 다음 날 첫 발주를 받았습니다. 그 후 현재까지 5년이 넘게 거래 관계를 잘 유지해 오고 있습니다. 이렇게 경청은 영업적인 면에서 큰 힘을 발휘합니다.

당신도 이제부터 말만 하지 말고 조용히 경청하십시오. 딱 한 시간만 당신의 말을 멈춰 보십시오. 상대방이 무슨 말을 하는지 숨소리까지 들어보려 애쓰십시오.

고객이 놀라운 결과를 선물해 줄 것입니다. 말을 많이 하는 것이 당신 주장이 상대방에게 통하게 하는 것은 아닙니다. 당신이 조용히 있을 때, 경청하고 있을 때 당신의 주장이 잘 먹힙니다.

황문선의 '억만장자로 이끄는 경영 혁신'
최고의 리더십은 솔선수범

당신은 영웅들의 이야기를 좋아하십니까? 나는 삼국지나 초한지 같은 중국 고전을 꼭 시간을 들여 읽어보라고 권하고 싶습니다. 경영 혁신에 많은 도움이 될 것입니다.

나는 중국 고전인 삼국지와 초한지를 매우 좋아합니다. 그러나 처음 삼국지를 접했을 때는 "뭐 이런 소설이 다 있나?" 할 정도로 재미가 없었습니다. 그러나 지금은 삼국지도 좋아졌습니다.

삼국지는 제 취향이 아니었습니다. 나는 일목요연하고 간명한 것을 좋아합니다. 처음 삼국지를 읽었을 때는 페이지를 넘길 때마다 인물이 너무 많이 바뀌어 집중하기가 힘들었습니다.

심지어는 앞에 나왔던 인물이 뒤에 또 나오는데, 마치 새로 나온 인물인 것처럼 인식되기도 하여 무척 헷갈렸습니다. 결국은 다 읽지 못하고 앞부분 몇 권 읽고 책장에 고이 모셔 두었습니다.

그러다 중년이 되어 우연히 초한지를 접하였습니다. 초한지는 단숨에 10권을 끝까지 다 읽었습니다. 인물도 적고 항우와 유방이라는 두 주인공의 대결이라서 이야기가 비교적 간명했습니다.

초한지는 전혀 결이 다른 두 명의 군왕과 이 둘을 중심으로 자신들의 꿈을 실현하기 위해 모여드는 참모와 장수들의 군상이 너무 특색 있게 그려져 있었습니다.

리더십에 관심이 있던 나는 인물의 특색에 따른 분석이 재미있었습니다. 초한지를 다 읽고 자연스럽게 삼국지의 인물들도 비교되어 떠올랐습니다. 그래서 다시 삼국지를 붙잡고 읽기 시작해 단숨에 끝까지 읽었습니다.

이것이 가능했던 이유는 인물의 특색을 비교하면서 읽었기 때문입니다. 군왕과 참모가 전쟁터에서 전략과 전술을 어떻게 실행하는지를 각각의 리더십에 집중해서 읽은 것입니다.

이들 중국 고전에서 병사가 주인공인 페이지는 거의 없었습니다. 모두 군왕과 장수들의 이야기입니다. 회사로 치면 중간 관리자나 임원 또는 경영진의 이야기입니다.

삼국지는 유비, 조조, 손권의 개성 있는 상위 리더십 외에도 관우, 장비, 조자룡, 제갈량, 방통, 주유, 순욱, 사마의 등 책사와 장수들의 중간 관리자 리더십도 분석해 볼 만합니다.

내가 조직 생활을 하면서 접한 지도자들은 정말 다양한 특색을 지니고 있었습니다. 말이 앞서고 행동은 없는 팀장, 팀원을 지나치게 의심하는 팀장과 때로는 팀원을 버려두는 팀장도 있었습니다.

버럭버럭 화만 내고 정작 중요한 책임은 회피하는 팀장도 있었고, 때로는 독단적인 리더, 가끔은 소심한 지도자도 있었습니다.

나는 다양한 지도자들을 경험하면서 내가 스스로 정립한 이상적인 지도자상(像)이 있습니다. 지도자의 카리스마라든지 공감 능력이나 통찰력도 중요합니다. 하지만 내가 가장 중시하는 지도자는 솔선수범하는 지도자입니다.

그런데 나의 솔선수범이란 '평범하고 별문제 아닌 것을 나서서 하는 것'을 의미하지 않습니다. 심각한 위기의 상황에 머리를 들이밀고 들어가 진창 바닥에 몸을 둘 수 있어야 솔선수범입니다.

지도자가 문제 전부를 자신의 한 몸으로 버텨야 합니다. 그러면서 팀원들이 감당해야 할 모든 책임을 면하게 해주는 지도자가 진정한 솔선수범의 지도자입니다.

이런 한 가지 사례를 소개합니다. 송 이사가 입사한 지 한 달도 채 못 되어 고객사인 A 회사에서 품질 불량문제가 발생한 상황입니다. A 회사는 대기업 계열사답게 규모도 크고, 원료 공급사에 갑질 아닌 갑질을 많이 하는 회사입니다.

송 이사는 대표 직속의 사업부 총괄 임원으로서 아직 입지를 다굳히지 못한 상태입니다. 송 이사는 이 위기 상황이 자신에게 완벽한 기회라고 판단했습니다.

자신이 총괄하는 관련 부서 직원들에게 리더십을 발휘할 절호의 기회입니다. 이 기회를 놓치면 입사 초기 기세 싸움에서 밀릴 수도 있다고 생각했습니다.

박 대표 : 이 부장! A 회사 품질 불량문제의 건 바로 보고 해 봐. A 회사 공장장이 어젯밤 전화해서 갑자기 언성을 높이던데, 다들 뭣들 하는 거야?

이 부장(영업) : 사실은 이틀 전부터 A 회사 생산현장에서 불량이 조금씩 발생하기 시작했는데요, 오늘은 생산 제품 10개 중 2~3개가 불량이라고 합니다.

좀 전에 A 회사 기술 담당자가 최대한 빨리 당사 기술진 방문을 요청했습니다. 오늘 오후부터 가동률을 70%로 줄이고 있는 상태인데, 납기 일정 때문에 내일 당장 조치해야 합니다.

박 대표 : 최 과장! 자네는 이거 알고 있었나? 자네가 얼른 가서 현장 파악하고 즉시 대책을 마련해. 빨리 가서 원인 규명하고 재발 방지책을 수립해.

최 과장(기술) : 대표님! 오전까지 기술검토를 해 봤는데, 원인이 오리무중입니다. 저희 제품은 이상이 없는 것 같기도 하고요.

근데 A 회사 불량 수준이 제가 감당할 수준을 넘는 것 같은데요, 혹시 영업 부장님 같이 가시나요? A 회사 공장장이 많이 화난 것 같은데, 저 혼자 대응이 쉽지 않을 것 같습니다.

이 부장(영업) : 최 과장, 나는 다른 회사 미팅이 있어서 내일은 좀 곤란한데. 우선 혼자 가 줘야겠어. 미안해.

최 과장(기술) : 그럼 이번에는 대표님이라도 나서야 할 것 같은데요. A 회사는 아직도 대표님을 기술 이사로 알고 있는데요. A 회사 생산 쪽은 제가 익숙하지 않은 상태라서 좀 자신이 없습니다.

박 대표 : 글쎄, 문제가 심각하긴 한데. 내일은 생산 주간 보고가 있어서 내가 빠질 수도 없고. 혼자 일단 가보고 내게 전화를 해.

송 이사(기획) : 대표님, 제가 가보겠습니다. A 회사 공장장과는 지난주에 인사했고요. 이런 중차대한 일에는 우리 쪽에서도 임원급이 가는 것이 도리입니다. 이번 건은 저한테 맡겨 주십시오.

박 대표 : 송 이사, 자네는 A 회사 업무 현황 파악도 다 안 끝났을 텐데. 해결할 수 있겠어?

송 이사(기획) : 걱정하지 마세요, 대표님. 최 과장! 회의 마치고 바로 기술자료 좀 다 공유해 줘요. 오늘 늦게까지라도 자료 검토해서 내용 파악을 끝낼 테니까.

최 과장! 내가 전에 A 회사와 유사 공정에서 불량문제를 해결한 경험이 있으니까 나를 한번 믿어봐. 어디 부딪혀 보자고.

최 과장(기술) : 이사님! 감사합니다.

현장에서 불량문제에 대해 송 이사가 해결책을 제시한 것은 거의 없습니다. 최 과장이 전부 다 해결했습니다. 송 이사는 A 회사를 방문해서 A 회사 직원들의 불만을 잘 경청해 주었습니다.

목청 높여 따지는 A 회사 공장장도 조금씩 평정심을 찾아갔습니다. 원인 조사를 하는 과장에서 송 이사는 간단한 문제 몇 가지를 조언해 주면서 최 과장이 주눅 들지 않도록 도와주었습니다.

A 회사 직원들의 입김을 충분히 막아 주었고 최 과장은 품질 불량의 원인을 찾아내었습니다. 결국, 문제는 A 회사 작업자의 실수로 확인되었고, 오히려 A 회사 공장장의 사과를 받아 내었습니다.

송 이사는 이 일로 단숨에 회사 기술부서 내에서의 입지가 강해졌습니다. 최 과장이 회사에 복귀하여 소문을 잘 내준 결과입니다.

이런 일이 두세 차례 누적되자 송 이사는 기술과 영업부서를 완벽히 장악하게 되었습니다. 문제가 발생하는 현장을 피하지 않고 찾아가는 소위 믿고 따르게 만드는 리더십을 구현한 것입니다.

이상의 결과와 같이 지도자는 문제가 있는 현장으로 바로 뛰어가야 합니다. 문제를 회피하면 리더십은 나올 수 없습니다. 자신을 가장 낮은 위치에 두고 모든 책임을 본인이 가져가야 합니다.

첫째, 지도자는 문제에 직면해서 회피하지 말아야 합니다.
둘째, 지도자는 책임 소재를 자신이 가장 많이 가져가야 합니다.
셋째, 지도자는 상황을 주시하며 반전의 기회를 잡아야 합니다.
넷째, 지도자는 초지일관 평정심을 잃지 않아야 합니다.
다섯째, 지도자는 부하직원의 공을 탐하지 않아야 합니다.

사람들은 리더의 카리스마는 높은 곳에 앉아 있어야 생기는 것이라고 착각합니다. 그러나 자신을 가장 낮은 위치에 두고 모든 책임을 본인이 가져가야 카리스마가 생겨납니다.

    이것 또한 관점의 혁신입니다. 지도자는 무겁게 움직이고 신중하게 움직이는 것이 맞습니다. 그러나 반드시 문제는 피하지 않아야 합니다.

    문제가 발생하면 최대한 신속하게 문제 속으로 들어가십시오. 그리고 반드시 해결하고 나오십시오. 그리고 그 공을 부하 직원에게 돌리십시오. 그래야 진정 리더십이 있는 리더입니다.

황문선의 '억만장자로 이끄는 경영 혁신'
이제 '없다'라는 말을 멈춰라

　당신은 어떤 말을 습관적으로 하십니까? 불평, 불만, 코웃음, 비난, 조소, 뒤 담화 같은 부정적인 말입니까? 아니면 꿈, 비전, 희망, 노력, 성공, 행복 같은 긍정적인 말입니까?
　사람들은 자신이 하는 말이 마치 주문처럼 자신의 인생에 영향을 준다는 사실을 전혀 깨닫지 못합니다. 나도 부정적인 말을 좋아하지는 않습니다. 내 삶에 부정적인 영향을 주기 때문입니다.
　부정적인 상황을 표현하는 것은 어쩔 수 없이 인정합니다. 하지만 미래를 부정적으로 예측하는 것은 좋아하지 않습니다. 부정적인 미래보다 그 속에서 긍정적인 기회를 찾고자 고민합니다.
　내가 중소기업에 입사해서 가장 많이 들었던 이야기가 "우린

OO가 없어"입니다. 무슨 일을 추진할 때면 항상 듣는 말입니다. 이 말이 마치 어깨에 빙의해 눌려 붙은 귀신처럼 다가왔습니다.

내가 추진하는 모든 일을 이 말이 사사건건 붙잡고 늘어졌습니다. 이런 패배감에 짓눌린 기업 분위기는 늘 죽어가는 짐승 옆의 까마귀 떼처럼 우리 곁에 착 달라붙어 있었습니다. 이렇게 무섭게 표현하는 이유는 그만큼 이 문제가 심각하다는 의미입니다.

"우리는 돈이 없어. 우리는 사람이 없어. 우리는 기술이 없어. 우리는 제품이 없어. 우리는 경험이 없어. 우리는 전략 같은 것은 없어. 중장기계획? 하루 벌어 하루 먹고 사는데 그게 왜 필요해?

꿈과 비전? 우리는 그런 거 필요 없어. 우리는 그런 거 생각 안 해봤어. 있으면 좋기야 하겠지." 이런 말을 하루에도 몇 번씩 들었습니다. 그리고 이런 말도 수없이 들었습니다.

"너는 대기업에서 근무했잖아. 우리는 대기업과 달라. 그 회사랑 여기는 완전히 틀려. 혁신 같은 그런 건 큰 회사나 하는 거지. 작은 회사는 그렇게 복잡한 거 필요 없어.

우리 회사는 큰 회사랑 환경이 완전히 달라. 대기업은 좋은 환경에서 사업하고, 그래서 돈도 많이 벌지. 우리 같은 작은 회사는 아무리 노력해 봐야 소용없어."

나는 혁신의 순간마다 늘 이런 말들을 들어야 했습니다. 그러나 사실은 그렇지 않습니다. 이런 말들은 단지 도전을 싫어하는 직원들과 경영진의 생각일 뿐입니다. 이것이 매너리즘과 관성입니다.

실제 기업 환경은 대기업과 중소기업이 별로 다르지 않습니다. 반대로 대기업이 가지지 않은 것을 오히려 중소기업이 가지고 있는 일도 있습니다. 중소기업은 단지 생각이 부정적일 뿐입니다.

나는 중소기업에 입사해 대표와 새벽 두세 시까지 "OO가 없어."라고 말하는 문제를 깊이 토론했습니다. 그리고 이를 해결할 솔루션을 제안했습니다. 경영 혁신에 대한 실천적 제안입니다.

마치 제갈량이 유비에게 '천하3분지계'를 제안하듯이 간절한 심정으로 말을 꺼냈습니다. 부정적인 회사 조직 문화를 개선하기 위한 마인드 혁신의 추진입니다. 이는 역시 '관점의 혁신'입니다.

당신의 회사는 얼마나 부정적으로 말하는 문화가 있습니까? "우린 OO가 없어, 우린 OO가 없어서 그런 거 못 해."라고 말하기 전에 합리적인 생각을 먼저 해야 합니다.

우선 '우린 사람이 없어'라고 푸념하지 말고, 당신은 채용을 더 하면 됩니다. 채용해서 주는 급여만큼 일을 시키면 됩니다. 오히려 중소기업은 뽑으려 해도 잘 뽑히지 않는 것이 문제입니다.

뽑아 놓으면 그 직원은 회사를 위해 일을 하고 회사에 돈을 벌어다 줄 겁니다. 일은 무조건 사람이 합니다. 사람이 없으면 일이 잘 안 됩니다. 먼저 사람을 구하십시오.

'우린 돈이 없어'도 마찬가지입니다. 신규 투자를 하려면 돈이 필요합니다. 돈이 없으면 투자를 못 하게 됩니다. 좋은 사업기회가

와도 투자를 하지 않으면 그 좋은 기회는 내 떡이 아닙니다.

지속적인 투자가 없는 회사는 사세가 점차 줄어들게 마련입니다. 적절히 투자하고 투자 대비 효과성과 효율성을 따져야 합니다. 투자를 성과로 환산해서 회사 곳간에 차곡차곡 챙겨둬야 합니다.

기업은 투자해야 성장과 발전은 물론이고 도약도 있습니다. 돈 없다 푸념 말고 꾸준히 돈을 만드십시오. 만든 돈을 투자하십시오. 경영 혁신은 투자할 돈을 마련하는 과정도 모두 포함됩니다.

나는 대표에게 "우린 OO가 없어"라는 말 대신에 "우린 OO를 준비해야 해"라는 말로 바꾸자고 제안했습니다. 부정의 말을 긍정의 말로 치환해 가는 것입니다.

당신도 이제부터 긍정을 말하십시오. "우린 역량 있는 인재를 준비해야 하고, 우리는 신규 투자에 필요한 자금을 준비해야 하고, 우리는 획기적인 제품도 준비해야 해."라고 말하십시오.

또한 "우리는 미래 성장전략과 중장기계획, 큰 꿈과 비전도 준비해야 해. 이를 위해 조직도 잘 만들고 시스템도 잘 만들고 혁신적인 제도도 잘 만들어야 해" 이렇게 말입니다.

대기업은 항상 준비하고 있습니다. 항상 새로운 사업기회를 따집니다. 충분한 규모로 항상 신규 사업을 검토합니다. 사업기회의 측면은 중소기업이라고 다를 게 없습니다.

중소기업도 항상 준비하고 있어야 합니다. 그러나 과감하게 실행을 하려면 머리에 들어차 있는 부정적인 말들부터 지워 나가야 합니다. 뭐가 없다는 말은 단지 실행을 싫어하는 핑계일 뿐입니다.

이는 단지 매너리즘과 관성에서 나온 나쁜 습관일 뿐입니다. "OO가 없다."라는 말은 머릿속에서 완전히 지우십시오. 인제는 차분히 준비하고 실행부터 하십시오.

부정의 언어를 긍정의 언어로 바꾸는 것도 관점 혁신입니다. 당신의 관점에서 부정적인 관점을 제거해내는 마인드 혁신입니다. 마인드 혁신을 성공을 준비하십시오.

황문선의 '억만장자로 이끄는 경영 혁신'
'사람이 없다'라고 말하지 마라

　당신은 인재에 대해 어떻게 생각하십니까? 회사의 인재는 점차 실이 좋아지고 있습니까? 아니면 나빠지고 있습니까? 나는 인재를 관리하는 것도 전략적으로 추진해야 한다고 생각합니다.
　중소기업에서 중요한 문제 중 하나는 인재 확보의 문제입니다. 인재 관리를 너무 소홀히 합니다. 이런 중소기업의 마인드 때문에 대기업에만 인재가 몰리는 '빈익빈 부익부'는 점점 더 심해집니다.
　이 문제는 원인이 분명합니다. 첫째, 대기업과의 임금 격차 문제가 있습니다. 둘째, 교육 훈련의 질과 양도 많이 차이가 납니다. 그러나 이보다 더 핵심문제는 인재 경영 시스템의 문제입니다.
　중소기업은 인재 확보부터 성장과 발전, 인재활용까지 전체 인재 경영 시스템이 체계적이지 못합니다. 훌륭한 인재로 키워내지 못하므로 인재에 투자된 비용을 경영성과로 회수하지도 못합니다.

  기업에서 인재 경영은 철저한 기획과 검토가 필요한 중요한 투자 행위입니다. 인재 확보는 생산투자보다도 훨씬 더 공을 들여야 합니다. 대부분 중소기업 경영진은 이 중요성을 깨닫지 못합니다.

  당신도 예외는 아닙니다. 인재 경영 시스템의 부재는 바로 당신 회사의 문제입니다. 중소기업에서 일상적으로 일어나는 사례를 소개합니다.

영업 인원이 부족한 사례

  이 부장(영업) : 대표님! 올해 영업 매출 목표를 30% 추가로 잡았는데요, 현재 영업 사원으로 기존 업체 관리하기도 벅차요. 신규 업체를 늘리려면 인력 보강이 필요해요. 그래서 기술부서 과장급 한 명을 영업으로 배치해 주셨으면 하는데요.

  송 이사(기획) : 예, 맞아요, 대표님. 영업은 현재 한 명이 담당하는 업체 수가 20개가 넘어가요. 한 달 동안 하루 1개 업체 방문하면 끝날 정도예요. 신규 업체 공략은 집중력이 필요한데 이 상태면 영업에서는 기존 업체 관리만 해도 일손이 모자라요.

  대표님! 기술부서 양 과장은 성향도 영업이 더 맞는 것 같고, 얼마 전에 개인 면담을 해보니 본인도 부서 이동을 원하고 있어요. 다음 달 부로 발령을 내주시고, 기술부서는 경력사원 모집 공고를 내는 것이 어떻겠습니까?

　박 대표 : 아니, 송 이사! 그렇게 자꾸 인원만 늘리면 비용이 무한정 증가하고, 좀 그렇지 않은가요? 우선 직원들이 더 열심히 일해야지, 안 그래요? 요새 다들 업무가 좀 느슨해 보이던데요.

　송 이사(기획) : 대표님, 그렇지는 않아요. 인원이 적어 아예 새로운 업체를 더 영업할 엄두를 못 내고 있어요. 직원들이 매번 사람이 없어 일을 못 한다고 아우성칠 때는 조직 구성을 다시 들여다보는 것이 좋아요.

　대표님도 지난번에 신규 업체 다녀와서 '회사에 일 줄 사람이 없다'라고 제게 불만을 말씀하셨잖아요. 우리 회사처럼 매출액을 폭발적으로 늘리는 전략을 선택했다면 당연히 대고객 접점의 인력을 충분히 보강해야 해요.

　생산이나 관리부서의 인력 정책과는 완전히 생각을 달리해야 맞아요. 대고객 접점의 부서들은 업무 실적이 숫자로 명확히 나타나기 때문에 게으름을 피울 수가 없어요.

　대표님! 이젠 생각을 바꿔야 해요. 언제까지 우리가 매출액 300억 수준이지는 않아요. 매출액 500억, 1000억일 경우를 대비해야 해요. 영업부서와 기술부서는 특히 미리미리 준비해야 해요.

　현재 시점에 미래를 대비해 인재를 채용하고 꾸준히 양성하지 않으면 중장기 목표를 달성하기 힘들어요. 이미 이전부터 인재를 꾸준히 준비했어야 하는 건데 좀 늦었어요.

　박 대표 : 아니, 이 부장! 영업은 전년도에 신입사원을 한 명 채

용하지 않았어요?

  이 부장(영업) : 그건 맞는데요, 신입사원을 실전에 활용하기에는 시간이 좀 필요해요. 규모가 좀 있는 업체를 제외하고 만날 대상이 모두 부장이나 임원급이라 신입사원은 어림도 없어요. 현재도 영업은 직급의 상향 조정 없이는 업무가 쉽지 않아요.

  송 이사(기획) : 대표님, 이 부장 말이 맞아요. 인력 계획은 2~3년 전에 매출 증가를 예상하고 미리 전략을 세워서 관리하는 거예요. 그래서 중장기 인재육성 전략이 필요한 거지요.

  어느 부서가 사람이 모자란다고 징징대면 "옜다, 받아라."하고 채용해 주는 것은 완전히 잘못된 인력 정책이고요. 매출 목표, 수익률, 미래 투자 계획에 맞추어 인력 계획을 체계적으로 세워 두고 지속적으로 관리해야 해요.

  박 대표 : 아니 그런 것은 큰 회사나 하는 거 아닙니까? 우리 회사야 전체 인원이 고작 30명인데 굳이 인력 계획까지 수립해야 합니까? 그냥 손바닥 보듯 훤한 상황인데요.

  송 이사(기획) : 인력 정책은 긴 시간이 소요되는 투자에 해당해요. 지금 당장 필요하다고 해서 인력을 바로 구할 수 없어요.

  대표님! 경력사원 모집 한번 생각해 보세요. 모집 공고가 나가도 지원자가 거의 없어요. 이게 중소기업의 현실이라고요. 그래서 인력 관리는 길게 보고 계획성 있게 해야 해요.

  이 사례처럼 중소기업은 매번 '사람이 없다'라고 이야기합니다.

이러한 상황은 앞으로도 계속될 것입니다. 그러나 사람이 없어서 일을 못 하는 상황은 진짜로 사람이 부족한 것이 아닙니다.

사람의 인원수는 충분히 많은 데 업무 처리 능력이 없는 사람들로 들어차 있다는 뜻입니다. 사람이 없다고 말하기 전에 활용 가능한 핵심 인재를 양성해야 합니다.

중장기계획을 세우고 그 계획에 따라 인력 계획을 세워야 합니다. 그리고 인력 계획은 현재 시점에 기준을 두고 하는 것이 아니라 2~3년 뒤를 내다보고 세워야 합니다.

소탐대실의 사례

내가 거래했던 한 중소기업은 계속해서 경쟁사에 고객을 뺏기고 있었습니다. 회사의 문제는 중간 허리인 과장급이 모두 퇴사를 해 버린다는 것입니다. 문제는 과장 이상 직급의 연봉입니다.

신입사원들은 업계 평균으로 연봉을 맞춰줘서 채용이 잘 됩니다. 그러나 과장만 되어도 연봉이 동종업계 대비 30%가 적습니다. 과장까지 잘 키워서 인재를 타사에 뺏기게 됩니다.

안 대표가 기술과 영업을 거의 다 커버하느라 눈코 뜰 새 없이 바쁘지만, 한계가 있습니다. 회사에 온통 경력 짧은 사원들뿐이라 일손을 나눠갈 사람은 없고 오히려 돌봐 주는데 손이 필요합니다.

안 대표의 노력으로 겨우 매출액은 유지하고 있으나 점점 시장에서 평이 나빠지고 있었습니다. 안 대표도 상황을 파악하고 나에게 쓸모 있는 사람 좀 구해 달라고 요청했습니다.

하지만 내가 애써 소개해준 사람이 급여가 맞지 않아 입사를 포기하는 것을 두어 번 확인하였습니다. 안 대표는 "그 친구 한 명 때문에 전체 직원 급여를 올려 줄 순 없잖아?"라며 한숨을 쉬고 있었습니다.

그러면서 안 대표는 자주 "일을 믿고 맡길 직원이 없다"라고 한탄합니다. 그러면서 경력 직원 한 명도 채용하지 않습니다. 오히려 애써 키워놓은 사람을 내보내 다른 회사에 뺏기고 있습니다.

더 놀라운 것은 이 회사는 매출액 대비 전체 인건비가 많지 않습니다. 과장급 이상의 필요 인력도 많아 봐야 3~4명 정도뿐입니다. 그런데도 안 대표는 이를 개선할 의지가 없어 보였습니다.

안 대표는 한마디로 소탐대실을 몸으로 실천하고 있는 것입니다. 당신의 회사는 어떻습니까? 사람은 많은 데 일할 사람이 없습니까? 아니면 할 일은 많은데 일할 사람 자체가 없습니까?

두 경우 모두 회사의 위기를 초래하는 심각한 경영 위기입니다. 사람은 많은데 일할 사람이 없다는 것은 직원들의 개인 역량이 떨어진다는 것입니다. 한마디로 쓸 만한 사람이 없다는 의미입니다.

할 일은 많은데 사람이 없다는 것은 기업의 성장 잠재력이 큰데도 불구하고 인력 확보가 어렵다는 뜻입니다. 이런 회사가 비싼 인건비로 인해 망한다면 이는 참으로 이상한 경우일 것입니다.

이처럼 중소기업이 인재가 모자란 경우는 항상 인건비 자체가 문제가 아니라, 부실한 인력경영 시스템의 문제입니다. 효율적이고 체계적인 인력 관리 시스템이 없는 것이 문제입니다.

 이제 사람이 없다는 말은 그만두시고 인력 계획을 전략적으로 수립하십시오. 인재 관리를 중장기 투자의 개념으로 보십시오. 비용 지출이 아니라 자원관리라는 관점의 혁신이 필요합니다.

 첫째, 중장기 계획안에 인력 계획을 반드시 넣으십시오.
 둘째, 항상 인력의 질이 좋아지는지 나빠지는지를 고민하십시오.
 셋째, '사람이 많으면 논다.'라는 구시대적 생각을 버리고 충분히 뽑아서 쓰십시오. 대신에 목표관리, 성과관리를 철저히 하십시오.
 넷째, 대표가 마음 놓고 일 시킬 사람을 반드시 따로 키우십시오.

황문선의 '억만장자로 이끄는 경영 혁신'
'돈이 없다'라고 말하지 마라

　중소기업 대표들은 항상 '돈이 없다.'라는 말을 입에 달고 다닙니다. 무언가를 하자고 직원들이 제안하면 항상 돈이 없다고 합니다. 진짜로 돈이 없어서 없다고 하는지는 알 수 없습니다.
　투자하기 겁나서 없다고 하는지도 모릅니다. 아니면 직원들이 급여를 잔뜩 올려 달라고 할까 봐서 돈이 없다고 하는지도 모릅니다. 그러나 이제 제발 돈 없다는 말을 그만하십시오.
　당신은 정확히는 돈이 없는 것이 아니라 준비가 안 된 것입니다. 돈을 벌려면 당연히 돈을 써야 합니다. 세상에 공짜는 어디에도 없습니다. 투자가 없는 경영은 곧바로 회사를 어렵게 합니다.
　늘 '돈이 없다'라고 말하고 다니는 사례 하나를 들어보겠습니다.

투자비가 없다는 사례

송 이사(기획) : 대표님, 저희 생산 원료인 APP를 자체 생산하면 핵심기술 내재화뿐만 아니라 제조원가도 5%나 절감되는 데 왜 위탁 가공을 하십니까? 기술 유출 우려도 좀 큰데요. 무슨 특별한 이유가 있으신가요?

박 대표 : 아니, 우리 회사는 생산 설비에 투자할 만한 여유가 없어서 그래. 돈이 없어. 우리 회사는 송 이사가 근무했던 돈 잘 버는 대기업하고 상황이 달라. 나도 투자하고는 싶은데 당장 먹고 죽을 돈도 없어.

송 이사(기획) : 대표님, 엄살은요. 대기업이 항상 좋은 조건에서만 사업 투자를 한다고 생각하십니까? 대기업도 종종 빚내서 투자해요. 그러나 시장성이 있는 좋은 아이템은 절대 놓치지 않아요. 그런 사업에는 기를 쓰고 투자한다고요.

APP는 우리가 만들어서 우리가 판매하는 제품에 원료로 사용하는 반제품이지요. 또 우리 제품의 핵심기술이 거기 다 들어가 있어요. 이런 제품을 장기간 위탁 가공하는 것은 회사의 기술 보안 관리에 매우 위험해요.

최 과장(기술) : 네, 송 이사님 말이 100% 맞아요. 저희가 기술 개발을 다 해서 제공하는데, 아무리 비밀 유지계약서를 썼다고 하지만 그 회사 직원들 하나하나를 어떻게 믿고 관리합니까?

그리고 APP 임가공 때문에 그걸 쓰는 제품들은 모두 다른 제품보다 수익성이 떨어져요. 대충 계산기로 때려 봐도 임가공 업체 수익률은 10%가 넘는데, 우리는 겨우 5%밖에 안 돼요.

김 차장(품질) : 그리고 지금 APP 품질 관리도 문제인데요. 저희는 비용 절감을 한다고 입고 제품 품질 분석도 모두 위탁 가공 업체에 의존적으로 하고 있어서 걱정인데요.

우리는 APP 품질이 흔들리는지조차 알 수가 없어요. 믿고 쓰는 수밖에 달리 도리가 없어요. 가능하면 우리 공장에 설비를 놓았으면 하는데요.

송 이사(기획) : 대표님! 이전 자료를 보면 3년 전부터 APP 상당량을 위탁 가공했어요, 지난 3년 동안 위탁 가공 업체에 주는 이익금만으로도 벌써 투자비 뽑고도 남았겠는데요?

박 대표 : 그때는 그런 생각을 못 했었지.

당신의 회사는 투자 기회에 대해 잘 준비하고 있습니까? 중소기업 직원들 말을 들어보면 사업 규모가 어느 정도 성장하면 신사업 기회가 주기적으로 한 번씩 옵니다. 그러나 대부분 '돈이 없다'라는 이유로 이런 기회를 날려 버린다고 합니다.

이는 완벽하게 잘못된 표현입니다. 돈이 없는 것이 아니라 준비하지 않고 있는 것입니다. 보통 어떤 아이템이 개발되어 출시될 때까지는 시간이 많이 필요합니다. 짧으면 1년이고 길면 몇 년이 걸립니다.

이때 돈은 한꺼번에 들어가지 않습니다. 기간별로 필요한 자금이 있습니다. 한꺼번에 투자하려고 하면 엄청난 비용이 들어갑니다. 대부분 대기업도 그렇게 하지는 않습니다.

신사업 검토와 투자비 준비

신사업 검토는 늘 뜸 들이는 과정을 거칩니다. 바로 사업 타당성 검토입니다. 기술과 시장 동향을 가장 잘 알고 있는 당신의 회사는 이 사업 타당성 검토에서 가장 유리합니다.

간부회의 등을 통해 신규 과제에 대해 다양하게 소통해야 합니다. 아이템이 시장성이 있는지 당신의 회사가 기술력이 있는지 의견을 수렴합니다. 사업을 하나나 가성하고 문제점을 수렴합니다.

직원 소통 후에도 계속 투자할만한 아이템이라는 의견이 다수를 차지하면 회사의 명운을 걸고 사업을 검토해야 합니다. 이 단계를 조금 더 진전시키면 사업 계획 단계입니다.

이때는 준비 단계부터 사업의 착수까지 각 구간의 투자비를 산정합니다. 작은 비용이라도 투자비는 철저한 검토가 되어야 합니다. 최소 투자비와 투자 위험도도 동시에 조사해야 합니다.

투자비 산정과 위험도 조사는 기존 인력을 잘 활용하거나 컨설팅과 같이 외부 용역을 줄 수도 있습니다. 특히 조직 구성원에게 "너희가 조사해 봐라"라고 하면 반대의견이 나올 수 있습니다.

업무가 늘어나서 하는 반대입니다. 이런 반대는 모두 무시해야 합니다. 그래서 오히려 외부 의뢰가 훨씬 객관성 있게 분석해줄 수도 있습니다. 이 단계까지도 사업 아이템이 매력적이라면 이제부터는 충분한 시간을 가지고 투자 자금을 마련합니다.

가능한 한 짧은 기간에 집중해서 투자 자금을 마련해야 합니다. 이제 통제 가능한 모든 경비를 따져보고 절감 가능한 모든 경비를 묶어야 합니다. 이렇게 해서 사업할 돈을 단기간에 마련하십시오.

충분한 준비 기간을 갖고 사업 기획을 하면 당신은 결코 돈이 없어서 사업을 못 한다고 말하지 않습니다. 오히려 당신은 스스로 사업 의지가 부족한 것만 확인하게 됩니다.

이제부터 돈이 없어서 투자를 못 한다는 말을 버리십시오. 돈이 없는 것이 아니라 투자할 준비를 못 해서 사업을 못 하고 있다고 생각하십시오. 철저히 준비하면 기회가 내 것이 됩니다.

만약 큰 사업 아이템을 감지했다면, 전체 임직원이 그것을 안다면, 임직원이 함께 고통 분담을 감수해 줄 것을 선언하십시오. 그리고 전체 회사를 쥐어짜서라도 투자 자금을 준비하십시오.

1~2년이면 충분히 투자비가 나올 것입니다. 그래도 모자라면 2~3년이라도 준비하십시오. 이젠 돈 없다 투덜대지 말고 기회를 낚아챌 사업 자금을 만들어 보십시오.

황문선의 '억만장자로 이끄는 경영 혁신'
영업은 하는데 '제품이 없다?'

　당신의 회사는 '전략 제품'이 있습니까? 전략 제품은 미래 먹거리에 해당하는 제품입니다. 나는 현재 잘 팔고 있는 제품에 만족하지 말고 반드시 미래 전략 제품을 마련하라고 권해드립니다.

　송 이사가 중소기업에 입사한 두 달 후 업무 파악을 끝내고 본격적인 업무를 수행하기 시작하였습니다. 신규 고객 A 회사에 대한 진입전략 회의를 영업, 기술, 생산, 품질 부서가 수행합니다.

팔 제품이 없는 기업 사례

　박 대표 : A 회사는 상반기에는 반드시 진입해야 올해 매출 실

적 달성이 가능해요. 2년 전부터 영업에서 접촉해오고 있는데, 여태 우리는 제품에 대해 품질 승인 테스트도 못 하고 있어요.

일찍 서둘러서 공급을 시작해야 해요. 자 그럼 A 회사 진입을 위한 좋은 아이디어를 좀 내보세요.

송 이사(기획) : 그럼, 최 과장! 먼저 A 회사에 테스트할 제품 이름과 제품 설명서 및 기술 자료가 있을까요? 기존 공급사 대비 기술 완성도와 품질 수준, 가격경쟁력 수준을 좀 확인하고 싶은데요.

최 과장(기술) : 아직 준비 안 돼 있는데요? 그런 게 있어야 하나요? 비슷한 제품은 자료가 좀 있는데요, A 회사와 구체적인 기술 미팅을 해야 제품규격이 나와요.

아직 그런 기술 미팅 기회가 없어서 확정된 제품은 없어요. 이 사님도 아시다시피, 이 업계는 고객 생산 조건에 맞춤식으로 제품을 개발해야 하잖아요?

송 이사(기획) : 그럼, 최 과장! 지금 기술 완성도는 몇 퍼센트로 보나요? 만약 개발 완료가 100이라고 가정하면 현재 기술 수준이 대충 얼마 정도인지 나오잖아요.

최 과장(기술) : 잘 모르겠는데요. 대충 30 정도쯤. 저어, 이사님! 제가 게을러서 그런 것이 아니고, 제품 개발도 그렇고 제품 설명서나 그런 거는 테스트 일정이 잡히면 바로 준비했어요.

미리 준비해 봐야 항상 내용이 바뀌니까 의미가 별로 없었고요. 급하면 밤새워 일해서 준비했어요. 우리만 그러는 게 아니라 이게 업계 특성인걸요.

송 이사(기획) : 최 과장을 나무라는 거 아니고요. 그럼 한마디로 팔 제품이 없는 거네요. 그럼 대표님께 한번 확인할게요. 대표님! 이렇게 제품도 없이 영업할 수 있는가요?

영업부서가 고객에게 영업할 때 뭘 들고 가나요? 혹시 회사 안내 책자나 카탈로그는 제작해 놓은 게 있습니까? 꼭 그 제품 아니라 유사 제품이라도 소개해야 하잖아요.

이 부장(영업) : 그건 제가 말씀드릴게요. 실은 카탈로그가 있기는 있는데 7년 전에 만든 자료라 어디 못 들고 가요. 그냥 필요할 때만 간단한 제품 설명서 정도 만들어서 대응하고 있어요.

우리는 예전부터 다 이렇게 해오고 있어요. 최 과장 말대로 다른 경쟁사도 다 똑같은데요, 우리만 뭐 문제인가요?

송 이사(기획) : 그럼 대표님! 제품도 없고, 제품규격도 없고, 제품 설명서도 없고, 제품 소개 자료도 없고, 회사 안내서나 카탈로그도 없고. 고객은 있는데 팔 제품이 아예 없는 거잖아요.

박 대표 : 송 이사! 꼭 그런 건 아니야. 전에는 내가 제품 설명서나 기술 자료를 거의 만들었었어. 그걸로 영업부가 활용했었어. 요새는 내가 너무 바빠서 그런 일에 신경 쓸 겨를이 없어.

내가 사업을 하다 보니까 느끼는 건데, 그런 자료들은 큰 회사들이나 가지고 다니는 거지, 우리 같은 작은 회사는 별 필요도 없더라고.

그런 자료 만드는데 시간이며 비용이 너무 아까워. 영업이 업체 열심히 들락거리는 게 최선이지, 자료는 별로 중요하지 않아.

송 이사(기획) : 아니, 대표님! 우리가 집에서 치약 하나를 사도 성분이며 효능을 따지는데요. 고객이 명확히 있는데도 불구하고 확정된 제품이 없다는 게 말이 되지 않는데요?

지금까지 이런 식으로 영업을 해 오셨다니 아무리 생각해 봐도 이해하기 힘들군요. 이거야말로 제가 입버릇처럼 말하는 매너리즘이고 관성이라고요.

당신은 이 대화를 보시고 어떻게 생각하십니까? 한마디로 이 회사의 문제점을 정의하면 이 회사는 고객을 접촉한 지 2년이나 되었는데도 불구하고 명확히 팔 제품이 없었습니다.

팔 제품이 없으니 영업이 겉돌고, 영업이 겉돌게 되니 기술부서는 시간만 보내고 있게 됩니다. 하지만 이 회사만의 문제는 결코 아닙니다. 사실 대부분 중소기업은 이렇게 팔 제품이 없습니다.

현재는 물건을 팔고 있기는 합니다. 그러나 현재의 제품이 앞으로 계속 잘 팔릴 것이라고 착각을 하고 있습니다. 중소기업은 정확히 '미래에 팔만한 제품'이 거의 없는 것이 문제입니다.

이것이 중소기업의 위기입니다. 당신의 회사는 자신 있게 내어 놓고 팔 물건이 있습니까? 당신의 회사는 고객이 만족할 만큼의 충분히 기술 완성도가 있는 제품 제공이 가능합니까?

제품에 대해 존재를 규정해줄 증명이 있습니까? 즉, 제품명과 제품 물성 자료, 그리고 제품 사용 설명서, 제품의 특징이 정리된 제품 소개자료 등이 존재합니까?

그런 서류들이 존재하지 않는다면 사람에 빗대어 보면 제품의 신분 증명이 없는 것입니다. 출생신고서, 주민등록증, 가족관계 증명서 등도 없다면 우리는 그 사람이 존재한다고 말할 수 없습니다.

제품이 사람의 신분증(identification)에 해당하는 서류를 전혀 가지고 있지 않다면 실제로 그 제품은 존재하지 않는 것입니다. 아직 태어나지 않은 존재입니다. 이는 영업이 불가능한 것입니다.

중소기업은 제품에 대한 신분증을 만드는 일에 너무 소홀합니다. 심지어 제품 개발이 끝나면 하는 '제품 등록 업무' 프로세스 자체가 존재하지 않습니다. 이는 당연히 해야 하는 일입니다.

중소기업은 그저 영업해서 발주 받고 생산에서 만들고 출하가 되니 그것을 제품이라고 생각합니다. 그러나 이는 잘못된 관행입니다. 제품은 제품으로 존재를 확실하게 정해주어야 합니다.

나름 신경 쓰는 중소기업은 판매 중인 제품의 경우는 이런 신분증을 잘 갖추고 있습니다. 그러나 대체로 미래를 책임져 줄 '전략 제품'에 대한 신분증 자료들을 만드는 것에는 너무 인색합니다.

연구소 담당자는 아직 개발 중이라는 핑계를 대면서 제품 등록과 신분증 만들기를 점점 미룹니다. 그러나 이는 잘못된 관행입니다. 개발 초기부터 제품의 존재를 문서로 규정해주어야 합니다.

어차피 미래 제품은 '완성'해 가는 것이지 처음 출시부터 '완벽'한 제품은 없습니다. 따라서 신규 업체에 진입할 때 제품 개발 과정에서 적당한 기술 수준으로 제품을 등록해 주어야 합니다.

보통은 고객에 시편 제출 가능한 수준에서 제품 신분증을 만들어 주어야 합니다. 개발 목표의 30~40%입니다. 이 단계에서 당신은 이 제품을 명확히 존재하는 제품으로 인식해야 합니다.

인간이 성장하고 어른이 되듯이 이 제품도 계속해서 품질 업그레이드를 시키면서 신분증을 수정해 가야 합니다. 영업이 그 신분증을 들고 고객에게 뛰어가 영업을 하게 해야 합니다.

실체가 없는 제품을 영업하는 것만큼 힘든 영업은 없습니다. 말로만 "우리 회사는 뭐든 잘 만듭니다. 꼭 우리 회사 제품을 써 주세요."라고 주장한들 먹힐 리가 없습니다.

고객의 구매 담당자도 상사에게 보고할 콘텐츠가 필요합니다. 하지만 실체도 없는 제품을 영업하고 있으면 2년, 3년을 접촉해도 헛수고입니다. 기술 미팅이고, 테스트 기회이고 얻는 것이 전혀 없는 출장이 됩니다.

항상 고객을 위해 준비를 해야 합니다. 제품을 준비하고 신분증을 만드십시오. 영업 직원이 그 자료를 들고 영업하게 하십시오. 갈 때마다 점차 업그레이드된 신분증을 들고 가게 하십시오.

고객을 방문할 때 갈 때 가벼운 손이 되면 돌아올 때도 당연히 가벼운 손입니다. 당신의 회사 직원들을 두 손을 무겁게 하고 가서 묵직한 주문을 받아오는 직원으로 만들기 바랍니다.

황문선의 '억만장자로 이끄는 경영 혁신'
업무 회의에 '전략이 없다?'

당신의 회사에는 업무의 전략이 있습니까? 내가 판단하기에는 기업에는 많은 전략이 필요합니다. 기술 전략, 영업 전략, 재무전략, 인재육성 전략, 마케팅 전략, 신사업 전략 등입니다. 특히 회사의 회의시간에는 이런 전략이 주된 논의의 대상이 되어야 합니다.

전략이 없는 영업 업무보고

송 이사가 한 중소기업에 근무할 때입니다. 주간 회의에 참석할 때마다 뭔가 회의 내용이 공중에 붕 떠 있다는 생각을 했습니다.
보통 회사에서 주간 회의시간에는 부서별로 주간 단위의 업무

실적과 계획을 보고하고 대표의 의견을 듣는 것입니다. 이런 과정에서 영업부서가 보고를 진행할 때 송 이사는 깜짝 놀랐습니다.

지난 업무 실적 보고는 큰 문제가 없어 보였습니다. 매출액, 제조원가와 영업 이익을 보고했습니다. 방문했던 업체 현황과 가격 변동, 미수 채권 그리고 시장 동향과 경쟁사 동향 등에 대해서는 잘 정리하여 보고하고 있었습니다.

그러나 업무 계획을 보고할 때에는 업체 방문 일정 계획뿐이었습니다. 뭔가 알맹이가 빠진 것입니다. 업무 계획은 채 3분도 안 되어 보고가 끝이 났습니다. 당시의 대화 상황을 정리합니다.

이 부장(영업) : 금주 중요 일정으로는 A 업체에 목요일 저랑 기술팀 최 과장이 같이 방문할 예정입니다. 최 과장! 출장 일정 잘 맞춰서 업무 조정을 해주세요.

최 과장(기술) : 네, 알겠습니다. A 업체는 신규 진입 업체로 이번에 새로 부임한 생산 담당자를 만날 예정입니다. 이번에 가서 저희 제품으로 어떻게든 품질 승인 테스트를 추진하고자 합니다.

박 대표 : 그래요, 잘 다녀오고, 힘들지만 열심히 해요.

송 이사(기획) : 대표님! A 업체는 기존 거래처가 아니고 신규 진입 업체지요? 그럼 혹시 영업 전략이 수립되어 있습니까?

이 부장(영업) : 영업 전략이요? 아, 특별한 건 없는데요. 뭐 대충 새로 온 생산 담당자가 기존 거래처에 불만이 좀 있는 것 같아요. 그러니까 잘 구워삶아야지요.

송 이사(기획) : 구워삶아요? 사람을? 그럼 최 과장! 기술부서에서 보는 기술 전략은요?

최 과장(기술) : 네? 기술 전략이요? 그런 거는 없는데요.

송 이사(기획) : 기술 전략이 없어요? 그럼 기본적인 것부터 점검합시다. A 업체에서 현재 사용하는 제품에 대한 분석과 평가는 대충 되어있나요? 경쟁 제품 대비해서 우리 회사 제품의 장단점 분석은요?

최 과장(기술) : 아니 분석해 보나 마나예요. 지금 동종업계에서 우리 제품 평이 아주 좋아요. 죄다 경쟁사보다 품질이 좋다고 말합니다. A 회사에 생산 담당자도 소문은 듣고 있을 거예요.

송 이사(기획) : 아니 그럼 고객의 평이 그렇게 좋게 나 있는데도 불구하고 A 회사를 공략할 기술 전략이 없단 말인가요?

품질 비교 평가 자료를 제공한다든지, 그런 내용을 담아 기술 세미나를 실시한다든지 하는 것 없나요? 그냥 가서 담당자 만나면 테스트 기회를 막 주는 게 이 업계의 관행은 아닌 것 같은데요?

박 대표 : 아니, 송 이사가 하는 말이 무슨 말인지는 나도 아는데, 그런 것 따질 시간 있으면 열심히 한 업체라도 더 다니면서 다리품을 파는 게 맞지 않는가?

영업 전략이니, 기술 홍보니 하는 것들은 대기업이나 하는 업무 수행방식 아닌가? 우리 같은 작은 회사들끼리는 서로 알 거 다 알고 하는데, 발로 뛰는 것이 최선이지.

송 이사(기획) : 대표님은 우리 회사를 스스로 너무 작게만 생각하시네요. 고객이 있으면 반드시 대응 전략과 전술이 있어야 해요. 손자병법에는 '삼십육계 줄행랑'이라고, 꽁무니를 빼고 도망가는 데도 전략이 있어요.

하물며 신규 진입 업체는 인적 관계도 느슨하고 신뢰 관계도 없는데 어떻게 전략이 없이 그저 얼굴도장만으로 공략하겠다고 하는 거지요?

당신의 회사는 어떻습니까? 영업부서나 기술부서가 각각의 고객을 대하는 전략이 따로 세워져 있습니까? 혹시 전략이라는 것이 전혀 없는 것은 아닙니까?

전략이라는 것을 생각하지도 않으셨다면 이는 무조건 잘못된 생각입니다. 반드시 전략이 있어야 합니다. 말 잘하는 영업 사원의 세 치 혀로 적당히 구슬려대는 영업은 별 효과가 없습니다.

치밀한 전략이 필요합니다. 고객은 가치를 나누는 사업의 동반자입니다. 당신의 회사가 주는 가치가 유익하다고 생각할 때 거래를 시작합니다. 얼굴도장만 찍는다고 되는 것이 아닙니다.

지금은 사람들 모두가 학력 수준도 높아지고 사리 분별에 대한 식견도 넓어졌습니다. 가치 판단의 수준이 높아졌습니다. 따라서 고객을 대하는 전략적인 방법이 필요합니다.

당신은 고객에게 어떤 전략으로 당신 회사와 제품의 가치를 표현하십니까? 가치를 제공하는 영업 전략에는 품질과 가격 외에 얼마든지 많은 가치 공유의 요소가 있습니다.

가치 공유 전략

영업 전략 중 가치 공유의 한 가지 사례를 소개합니다. 한 업체는 고객의 생산 조건을 조사해 보고 제품의 포장 단위를 바꿨습니다. 업계 관행인 드럼당 210kg에서 200kg으로 바꿨습니다. 그래서 철옹성이던 경쟁사를 제치고 신규로 진입을 하게 되었습니다.

고객 생산 설비에서는 한 번에 200kg씩 쓰고 있어서 딱 맞아서 떨어지게 되는 효과가 있었던 것입니다. 200kg을 포장하려면 공급사 입장에서는 단지 제품 포장 용기가 더 필요한 정도입니다.

이렇듯이 영업 전략은 고객과 같이 생각하고 같이 숨 쉬면서 고객의 가치를 극대화할 다양한 조건들을 생각하는 것입니다. 고객의 문제를 당신의 회사가 가져와 같이 고민하고 해결해 줄 때 이런 방안들이 가상 강력한 영업 전략이 되는 것입니다.

기술 전략도 마찬가지입니다. 가격과 품질만으로 경쟁하던 시대는 이미 오래되었습니다. 최근에는 기술과 관련하여 공급 업체를 선정할 때 미래에 함께 성장할 동반자를 선정합니다.

당신의 회사를 선택하게 만들려면 미래에도 월등한 기술력을 기반으로 좋은 가치를 나누는 회사라는 점을 어필하고 강조해야 합니다. 미래의 성장 잠재력을 기술 전략으로 제공합니다.

특히 품질과 관련하여 당신의 내부의 문제만 볼일이 아닙니다.

품질에 영향을 미치는 요인에 대해 단순히 당신의 생산과정과 제품만 고려하는 것은 근시안적 생각입니다.

고객의 생산 조건과 최종 제품(end product)의 기술적 문제점을 당신이 같이 고민하는 것이 기술 전략으로 필요합니다. 어떤 경우에는 고객이 알고도 손대지 못하는 그들 공정의 기계 부품을 당신이 교체해 주는 것도 한 방법입니다.

특히 그 부품이 당신의 제품에만 잘 작동하여 최종 제품의 품질이 개선된다면 그 부품은 바로 알 박기가 되어버립니다. 이를 긍정의 언어로 바꾸면 고객과 당신의 회사는 '기술 가치를 공유하는 상생의 동반자'가 되는 것입니다. 이렇게 기술 전략을 당신의 회의시간에 의제로 올려놓고 다양한 아이니어로 소통해야 합니다.

이제 회의를 하려면 업무보고 회의를 중단하시고 전략회의를 하십시오. 단순히 지난 과거의 데이터만 보고 받는 회의는 아무런 가치가 없는 회의입니다.

미래를 어떻게 할 것인지, 어떤 전략으로 업무를 수행할 것인지에 대해서 전략회의를 시행하십시오. 그래야 회의라는 귀중한 시간을 낭비하지 않습니다.

황문선의 '억만장자로 이끄는 경영 혁신'
혁신하는데 '꿈과 비전이 없다?'

당신은 직원들과 어떤 꿈과 비전을 공유하십니까? 만약 직원들과 공유하는 꿈과 비전이 없다면 지금 당장 만들어야 합니다. 나는 이것이 경영 혁신에 있어서 매우 중요한 요소라고 강조합니다.

회사 직원과 다 같이 공유할 꿈과 비전이 없다면 경영 혁신을 추진할 어떤 이유도 없습니다. 혁신이 성공할 가능성 또한 전혀 없습니다. 꿈과 비전은 혁신의 추진 동력입니다.

꿈과 비전을 만드는 혁신

혁신 사례 하나를 소개합니다. 송 이사가 박 대표와 가볍게 이야기하는 자리입니다. 입사 3개월이 지난 송 이사는 회사 분위기에 대해 신중히 고민하고 있습니다.

회사가 창업한 지 어느덧 14년 차를 지나고 있었고, 초기 입사했던 신입사원이 어느덧 차장의 직책을 달고 있는 상황입니다. 이제는 회사가 어느 정도 성장하여 안정권에 들어가 있습니다.

송 이사(기획) : 대표님! 처음 창업하실 때 어떤 회사를 만들려고 생각하셨어요?

박 대표 : 창업할 때? 글쎄. 딱히 정한 것은 없었는데, 대기업 근무할 때 매일 출근하는 것이 지겹더라고. 내가 기계 부품도 아니고, 어떤 때는 일 같지도 않은 일을 하면서 내가 이걸 왜 해야 하는지 의문도 있었고.

한편으로는 성질 더러운 상사의 언어폭력에 시달리며, 한마디로 별 재미가 없었어. 그래서 창업을 했지. 그때는 직원들이 매일 출근할 때마다 '행복한 마음으로 출근하는 멋진 회사'를 만들자고 다짐했었어.

송 이사(기획) : 그럼 지금 그런 회사가 만들어지고 있는가요?

박 대표 : 글쎄. 맘 같지가 않네. 그건 갑자기 왜 묻는데?

송 이사(기획) : 오늘 전체 회의시간에 보니까 직원들이 모두 패잔병처럼 "내가 여기 왜 끌려와 앉아 있는 거지?" 하는 느낌이었어요. 회사에 신바람이 없어진 건가요? 창업 초기에는 모두 신나게 일하고 그랬을 것 같은데요.

박 대표 : 그래, 맞아. 요새는 대표인 나도 회사에 출근하기가 싫어. 송 이사 자네가 무슨 생각을 하는지 알 것 같은데. 이젠 회사가 어느 정도 기반도 닦였고, 거래 관계도 안정해졌어.

몇 년 전만 해도 늘 직원들 급여를 어떻게 주나 하고 걱정했었는데. 이젠 신경도 안 쓰는 정도까지 왔어. 근데 문제는 딱히 흥이 안 난다니까. 도대체 뭘 어떻게 해야 하지? 뭐가 문제일까?

송 이사(기획) : 그게 대표님 개인에게는 '목표 달성 후의 상실감'일 수도 있고요. 직원들에게는 '변화 없는 일상의 무료함'일 수도 있고요.

다양한 이유가 있을 테지만 일단 제가 보기에는 가장 큰 원인은 직원들과 경영진이 같이 공감하는 꿈과 희망이 없어요.

보통 대기업들은 신년 시무식 때는 경영진이 올해 목표와 중장기 비전을 제시하고, 성과 달성을 하면 그에 대한 보상 등 공약을 발표합니다.

그리고 그걸 사내 이곳저곳에 공지하고, 게시하고, 플래카드를 붙여요. 그런데 우리 회사는 어느 곳에서도 그런 걸 발견할 수가 없었어요. 목표와 중장기 비전이 전혀 안 보여요.

박 대표 : 그래, 관리 이사에게 그런 것 좀 챙겨서 하라고 시켰는데 전혀 신경을 안 쓰고 있네. 그 친구도 참.

송 이사(기획) : 대표님! 그건 대표님이 크게 잘못 생각하시는 거예요. 직원들에게 꿈과 비전을 제시하는 것은 관리 이사가 아니라 대표님의 몫이에요.

대표님! 저와 같이 한번 만들어 보시지요? 매출 목표를 큰 수준으로 높게 잡으면 어떨까요? 그냥 직원들이 생각만 해도 입이 귀밑에 걸리게 하는 희망 같은 것이요.

박 대표 : 매출 목표 같은 걸 비전으로 잡아 놓으면 직원들이 뼈빠지게 일만 한다고 생각하지 않을까? 그렇지 않아도 지금 여기저기서 일 많다고 난리인데 말이야.

송 이사(기획) : 에이, 그렇게 성과도 없이 자기 몫만 챙기는 도둑놈처럼 생각하는 직원은 아마 없을걸요. 회사가 매출이 늘어 사업이 크게 번창하면 자신들도 꿈이 생겨요.

지금 평사원들은 나중에 자신들이 부장, 이사로 대우받기를 기대할 거예요. 문제는 매년 성과에 상응하는 포상이 꼬박꼬박 없으면 다 실망하고 도망가는 거예요.

지금부터 직원들에게 그 믿음을 심어주셔야지요. 대표님은 그렇게 직원들에게도 큰 꿈과 희망을 만들어 주어야 해요. 일단 대표님이 직원들에게 '비전 선포식' 같은 행사를 하시지요?

박 대표 : 비전 선포식? 그게 뭔데?

송 이사(기획) : 네. 대표님 초심 있잖아요. 초심을 비전으로 만들어 선포하는 것입니다. 미래에 '행복한 마음으로 출근하는 멋진 회사'를 진짜로 실현해 보자고 외치는 거예요.

일단 회사의 비전으로 '행복 2030'으로 정하시죠? 그리고 회사의 목표를 제시하는 겁니다. 장기 목표로 2030년 매출액을 5천억

쯤으로 정하는 건 어떨까요?

박 대표 : 5천억? 5천억이라! 그걸 직원들에게 비전으로 발표하라고? 말도 안 되네. 이제 겨우 250억 하는 회사가 10년 후 매출 목표가 5천억이라니. 나는 뭐 대표니까 생각만 해도 심장이 쫄깃해지는데. 그런데 직원들은 아마 코웃음 칠 것 같은데.

송 이사(기획) : 천만에요. 직원들은 오히려 그런 큰 꿈을 좋아할 거예요. 만약 회사가 5천억 매출이면 지금 과장인 직원들은 나중에 매출 500억짜리 계열사 정도는 자기도 대표가 될 수도 있다고 생각할 것 아니겠습니까?

그들도 벅찬 마음이 들 거예요. 대신에 이 선언이 그냥 꿈이 아니라 달성 가능할 것 같은 계획이어야 해요. 실행전략을 연간 단위로 싸서 제시한다면, 그리고 하나하나 추진해 나가면 처음에야 그저 꿈이겠지만 나중에는 믿는 사람이 더 많을 거예요.

모두가 실현 가능할 것이라고 믿으면 진짜로 실현될 거예요. 그리고 직원들 개인 비전으로는 '10년 후 국내 기업 최고 수준의 연봉'을 약속하는 거예요.

박 대표 : 말로만 들어도 행복한 생각이네. 자네 나랑 같이 직원에게 공표할 자료를 멋지게 한번 만들어 보세. 그동안 안개 속에 있던 내 머리에 한줄기 광채가 지나가네. 우리 한번 해보자고.

당신의 회사는 어떻습니까? 직원들에게 꿈과 비전을 제시하고 있습니까? 그 꿈과 비전이 반드시 실현될 것이라고 하는 믿음을 주고 있습니까?

　직원들에게 꿈과 비전을 만들어 주세요. 꿈과 비전은 먼 여정을 운전하는 내비게이션과 같습니다. 앞으로 똑바로 나아가게 하는 로드맵입니다. 꿈과 비전을 만들어 선포하십시오.

황문선의 '억만장자로 이끄는 경영 혁신'
열심히 일한 당신 이제 쉬어라

　당신은 일을 열심히 하는 '일벌레'입니까? 나는 일벌레가 아니고 '생각 벌레'입니다. 대부분의 기업 사장님들은 매우 부지런한 일벌레들입니다. 그들은 성실함을 무기로 성공해 왔습니다.
　그들은 대부분 일찍 출근하여 저녁 늦게까지 일합니다. 하지만 일벌레의 문제는 '일의 가치'를 잘 따지지 않는다는 점에 있습니다. 일벌레들은 매우 많은 시간을 낮은 가치 업무에 집중합니다.

바쁘게 일만 하는 사장

　배 사장도 마찬가지입니다. 아침에 직원들보다 더 일찍 출근하여 회사를 휘휘 둘러봅니다. 공장 입구를 지나 한쪽 구석의 지저분한 쓰레기를 바라봅니다.

마음 한편으로 직원들의 깔끔하지 못한 습관을 비난합니다. 배 사장은 결국 장갑을 손에 낍니다. 쓰레기를 치우다가 출근하는 직원들을 보며 퉁퉁 부은 목소리로 소리칩니다.

"김 대리! 이 대리! 이거 좀 치워 봐. 회사가 이렇게 지저분해서야 되겠어? 장갑 끼고 청소 좀 해." 배 사장은 그들에게 장갑을 넘기고 나서 사무실로 향합니다.

사무실에 들어가자마자 궁둥이도 못 붙이고 잔뜩 쌓여 있는 보고서들을 넘겨봅니다. 그리고 달력을 보며 오늘 예정된 직원회의와 고객 내방 미팅을 생각합니다.

책상 위에는 어제 못다 처리한 일과 오늘 새로 할 일이 태산 같습니다. 오늘은 평소 친한 김 사장과 저녁 식사 약속이 있는 데 잔뜩 쌓인 업무를 생각하면 소주 한잔의 즐거움도 부담이 됩니다.

배 사장은 가끔 자신이 사장인지 직원인지 모르겠다고 생각합니다. 하지만 곧바로 마음을 고쳐먹습니다.

"이것저것 고민 없이 일하는 것이 맘 편하지. 내 식대로 일하려고 사장된 것이니 누가 뭐라 할 거야?" 이렇게 생각합니다.

이것이 보통의 기업에서 일어나는 일상의 상황입니다. 창업한 후에 직원이 늘어 7~8명이 넘어가면 팀이나 부서 등 조직이 생깁니다. 그리고 팀원-팀장-임원-사장의 직책이 만들어집니다.

예전에 사업 초기에는 2~3명 직원이 일했습니다. 그때는 모든 업무를 '나의 일, 너의 일' 구분 없이 거들어서 수행하였습니다.

하지만 10여 년이 흐른 지금은 인원이 증가하고 조직이 생겼습니다. 역할과 책임이 각기 다른 상하 관계와 수평적인 업무 배분이 생겼습니다.

이를 조직 구성원의 역할과 책임(role & responsibility, R&R)이라고 부릅니다. 이 R&R이 틀어지면 회사의 일이 공중에 떠돌게 되고, 성장이 멈추고 정체가 시작됩니다.

그런데 문제는 항상 대표의 R&R이 애매한 것입니다. 가장 중요한 역할을 해야 하는 대표의 미션 정의가 부족합니다. 이것저것 아무거나 해도 되는 것이 대표의 R&R은 결코 아닙니다.

주말에 매일 출근하는 대표

모회사의 정 대표도 일 중독입니다. 정 대표는 토요일, 일요일에 항상 회사에 출근합니다. 이 때문에 주말에 잔업이 있는 직원들은 매우 불편해합니다.

보통 주말 잔업은 업무 효율이 상당히 높습니다. 그 이유는 일을 빨리 끝내고 집에 가고 싶어 하는 직장인의 원초적 본능 때문입니다. 주말은 마음이 좀 들떠 있어 기분도 가볍습니다.

정 대표가 사내에 있을 때마다 직원들은 눈치가 보입니다. 주말이라도 1시간만 일하고 나가자니 왠지 성의 없어 보입니다. 그래서 1시간 업무를 2시간으로 늘려 합니다.

휴일에도 열심히 일한다는 느낌을 보여주고 싶기 때문입니다. 결국, 회사는 지급할 잔업 수당이 늘어나게 됩니다. 주말을 반납한 직원은 일찍 퇴근을 못 해서 불만이 더 높아집니다.

게다가 대표가 늘 출근하니 잔업이 없이 집에서 쉬는 직원도 불편합니다. 대표가 토요일과 일요일에 시도 때도 없이 전화를 자주 해대기 때문입니다.

대표 자신은 늘 출근해 있으니 주말에 직원들이 전화정도 받아주는 것은 대표의 당연한 요구입니다. 그래서 주말을 편히 못 쉬는 직원들도 불만이 하늘같이 쌓입니다.

실무만 중시하는 대표

모 기계 설비 제조업체는 직원이 20명이 넘는데도 권 대표는 본인이 회사의 모든 작업을 직접 주관하여 수행합니다.

고객의 주문을 직접 따오는 영업 업무는 물론이고, 기계의 설계부터 부품 발주, 기계 제작, 납품, 조립, 시험 운전까지 다 관여합니다. 권 대표가 없으면 회사의 업무가 마비될 지경입니다.

권 대표는 인품도 훌륭하고 잔정도 많고 직원들 급여도 넉넉히 잘 챙겨 준다고 소문이 나 있습니다. 하지만 사업경력 30년의 이 업체 직원들은 차장까지 근무하고 중도에 다 퇴사해 버립니다.

문제는 '위로 안 가고 늘 아래로 내려오는' 권 대표의 업무 스타

일입니다. 실무에 집중하는 권 대표 업무 스타일이 간부 직원들을 질리게 합니다. 간부들은 자신이 설 자리가 없습니다.

자기 역할을 잃은 경험 많은 간부 사원들이 자꾸 퇴사하게 됩니다. 회사는 내재화된 핵심 경쟁력도 없고 기술력이 약해집니다.

단지 권 대표의 인맥으로 영업부서는 먹고 살고, 권 대표의 누적된 기술로 제품을 만들어 내고, 권 대표의 현장 경험으로 설치와 시험 운전이 끝납니다. 권 대표 혼자 북 치고 장구 치고 다합니다.

권 대표가 없는 자리에서는 '권 대리'라고 부릅니다. 직원들과 업계 사람들도 대체로 조롱하듯이 그렇게 부릅니다. 권 대표 혼자 일하니 회사는 몇 년 전이나 지금이나 발전이 없습니다.

제품의 품질, 디자인, 성능, 가격경쟁력 등이 아무런 변화가 없습니다. 시장에서 고개가 점점 등을 돌리고 있고, 창업 초기의 급성장하던 동력은 이미 사라진 지 오래입니다.

경험으로 비춰볼 때 나의 고객사들도 대부분 대표가 일벌레였습니다. 성실함을 무기로 성공하고 있으니 당연한 결과입니다. 회사 규모가 작을 때는 전혀 문제가 없습니다.

그러나 이런 대표의 가장 큰 문제는 자신의 가장 중요한 역할인 '경영'을 등한시하고 '실무'를 중시한다는 것입니다. 대표가 실무에 얽매일수록 경영은 멀어집니다.

이들에게는 경영, 전략, 예산, 회계, 자금, 인사, 조직 관리, 신사업 구상, 비전 등 경영의 문제는 자신의 손 밖에 있습니다. 직원들에게 점점 자기 역할에 대해서 불안감과 자괴감이 들게 합니다.

특히 간부 사원으로 성장할수록 직원들은 자신의 할 일이 감소하기 때문에 조직을 떠날 수밖에 없습니다. 소위 '위로부터, 아래로부터' 즉 상하로 치이는 상황이 됩니다.

대표의 업무가 계속 밑으로 내려오면 차장과 부장들은 자신들의 자리를 지키기 위해서는 어쩔 수 없이 실무형 업무를 선택하게 됩니다. 대표에게 찍히고 회사 생활을 잘할 사람은 없습니다.

이들은 젊은 직원과 똑같은 실무를 하게 되므로 조직 내에 상하가 없이 모두 경쟁 관계가 형성됩니다. 축적된 경험과 실력은 아무 필요가 없게 되고, 오로지 육체로 일하는 상황이 됩니다.

중간 관리자들은 매우 자존심 상하는 일입니다. 회사에 긴부급 지도자는 사라지고 직원들은 모두 오직 한 분 대표만 바라봅니다. 이른바 '해바라기형 조직'이 됩니다.

아무도 스스로 나서서 일하지 않고 대표의 어명만 기다리게 됩니다. 회사의 경영을 고민하거나 미래 비전 또는 전략을 생각하는 사람은 회사 안에는 전혀 없습니다.

그러니 경쟁 시장에서 어떻게 전략적으로 움직여야 하는지 아무도 생각하지 않습니다. 시간이 갈수록 업계 경쟁자는 성장 발전하지만, 회사는 성장이 멈춰서 정체되어 버립니다.

이런 상황을 예방하기 위해서는 무엇보다도 배 사장, 정 대표, 권 대표 모두가 일을 바로 멈추어야 합니다. 대표들은 스스로 '아예 병이 나서 일을 할 수 없는 지경에 이르렀다'라고 가정하고 모든 일에서 단칼에 손을 떼야 합니다.

가능하면 일주일 정도를 완전히 손을 떼어 보고, 문제가 없다면 아예 한 달 정도를 쉬는 것이 좋습니다. 당연히 핵심 간부 두어 명에게 모든 일을 넘겨 버려야 합니다.

중간에 메일로 보고만 받아야 합니다. 지시는 절대 금지입니다. 당신은 분명히 잠시 혼란에 빠질 것입니다. 반면에 회사는 당신이 있을 때보다 없을 때가 훨씬 잘 돌아갈 것입니다.

문제가 생겨도 당신은 돌아가면 안 됩니다. 직원들이 스스로 문제를 처리해야 합니다. 당신은 쉬다가 지루해지면 이전과 완전히 다른 일을 시작해야 합니다. 당연히 '경영'에 관련된 일입니다.

이렇게 쉬면서 이제 당신은 일벌레가 아니라 '생각 벌레'로 거듭나야 합니다. 자고로 몸이 쉬어야 머리가 일합니다. 그리고 머리는 완벽하게 비워져야 다시 채울 수 있습니다.

이전에 가치 없는 정보로 가득 차 있었던 머리를 빈 도화지로 만들어 내야 합니다. 그리고 빈 자리를 '경영'이란 화두를 가지고 새로운 생각들을 채우려고 노력을 해야 합니다.

이제부터 일하지 마시고, 진짜 경영을 하십시오. 일 때문에 바쁘다고 핑계를 대지 마시고, 훨씬 가치 있는 일에 헌신하십시오. 당신의 머리를 일이 아닌 경영의 지혜로 다시 채우십시오. 그래야 경영 혁신은 성공합니다.

황문선의 '억만장자로 이끄는 경영 혁신'
업무 성과를 철저히 관리하라

당신은 성과추구형 조직과 그렇지 않은 조직을 구분하십니까? 나는 구분할 수 있습니다. 답은 간단합니다. 바로 목표관리의 차이입니다. 성과추구형은 목표를 철저히 관리합니다.

기업은 목표가 분명한 조직입니다. 내 경험으로 판단해 보면 대기업과 중소기업의 분명한 차이는 이 '목표 대비 성과를 어떻게 관리하는지'입니다.

일정 관리의 문제

실제로 중소기업에서 근무하면서 느낀 것은 대기업 직원들보다도 '너무나 많이 논다.'라는 것입니다. 근무시간을 기준으로 비교하기는 어렵지만, 직원들이 일에 임하는 긴장감이 다릅니다.

나는 대기업에 근무하면서 토요일 휴무를 제대로 쉬어 본 적이 없습니다. 토요일을 쉬면 일을 절대로 다 완수하지 못하기 때문입니다. 아니 출근하지 않으면 불안하기 때문입니다.

대기업은 명절 연휴나 주말 등 쉬는 날을 다 업무일로 산입합니다. 휴무를 계획 일정에서 차감해주거나 휴무를 고려해서 추가 시간을 더 주지 않습니다.

계획으로 완료 일정이 6개월로 잡히면 중간에 추석이 있거나 연휴가 있거나 내 결혼식이 있어도 6개월입니다. 내가 젊은 사원일 때는 이것을 다소 비인간적이라고도 생각했습니다.

그러나 조직이 성과를 내려면 그렇게 해야 합니다. 개인의 사정이나 달력의 빨간 날을 전부 고려의 대상으로 포함해 주면 안 됩니다. 그러면 일정대로 할 수 있는 것이 아무것도 없습니다.

비인간적으로 휴무도 쉬지 못하게 하고, 개인 경조사도 못 챙기게 한다는 뜻이 아닙니다. 목표를 세웠으면 중간 일정들은 어쨌든 간에 목표 일정을 반드시 준수하게 해야 한다는 의미입니다.

중소기업은 직원들이 너무 당연하게 개인의 일정을 업무 일정에 충분히 반영합니다. 그 이유는 업무 목표 자체가 불확실하기도 하고 결과에 대한 추적관리도 안 하는 것입니다.

중소기업은 완료 일정이 고정되지 않았습니다. 아니면 처음부터 느슨하게 계획을 잡습니다. 6개월 완료로 계획을 잡았으나 1년도 넘게 하고 있습니다. 그래도 별로 문제가 발생하지 않습니다.

성과 추적관리의 문제

중소기업의 문제는 또 하나 있습니다. 업무 성과에 대해 추적관리(tracking)를 하지 않는 점입니다. 이것도 역시 핵심 사항입니다. 이것이 성과추구형 조직이냐 아니냐의 차이입니다.

대기업 조직은 성과가 나오지 않으면 개인의 생활 자체를 침해하기도 합니다. 새벽 근무나 밤샘 근무는 대기업에서 자주 발생하는 일입니다. 개인 생활을 여유 있게 챙길 겨를도 없습니다.

대기업은 주간 단위로 진척도를 관리합니다. 주간 단위로 상세 실행 계획을 세우고 일정에 맞춰 실행합니다. 일정에 조금만 늦어져도 따라잡기 계획(catch-up plan)을 세우게 합니다.

업무가 일정보다 늦어지면 긴장감은 한층 더 높아집니다. 이때부터 사생활의 희생은 더욱 당연한 것이 됩니다. 업무 목표가 사생활보다 훨씬 중요해집니다.

반면에 중소기업은 느슨한 업무 시스템입니다. 밤샘 근무 같은 것이 거의 없습니다. 어떤 경우에는 계획된 목표 일정도 없고, 그냥 일이 되어 가는 대로 하면 되는 방식입니다.

일정 계획만 없는 것이 아니라 목표의 수준도 불명확합니다. 일이 끝난 것인지 안 끝난 것인지도 애매합니다. 목표를 달성하지 못하면 못 한대로 달성하면 한 대로 그냥 지나갑니다. 심한 질책도 없고 성과에 대한 적절한 포상 제도도 없습니다.

중소기업은 일하는 긴장감이나 몰입도가 현저히 떨어집니다. 실제로 근무하는 시간은 중소기업이 더 길 수도 있습니다. 직원 스스로 자신들은 굉장히 열심히 일하는 것으로 생각합니다.

문제는 절대적으로 일하는 시간이 중요한 것이 아닙니다. 업무 시간 대비 업무 성과가 더 중요한 것입니다. 중소기업은 성과 지향형 시스템이 아닙니다. 그래서 일해도 성과가 잘 나지 않습니다.

대기업은 준비하고, 계획하고, 실행합니다. 그 실행 결과에 대한 성과를 평가하고, 평가에 따라 보상받습니다. 대기업은 인사고과를 통해서 개인과 조직의 목표 대비 성과를 철저히 따집니다.

대기업은 이것이 전부 시스템으로 갖춰져 있습니다. 이것이 대기업과 중소기업의 계산법의 차이입니다. 중소기업이 이런 차이를 지혜롭게 깨닫지 못하면 대기업을 따라잡지 못합니다.

과제 선정과 착수의 문제

내가 중소기업에 근무할 때입니다. 나는 이사임에도 불구하고 스스로 다음 주에 할 일을 예상할 수 없었습니다. 업무를 계획성 없이 하기 때문입니다.

반면 대기업은 직원이 자신의 할 일이 분명합니다. 앞으로 1년 또는 2년 후에 어떤 일을 할지도 잘 압니다. 이들은 자신의 업무가 실행에 들어가기 전에 사전 검토 단계를 거칩니다.

하나의 과제가 선정되려면 굉장히 복잡하고 어려운 과정을 거칩니다. 그런 프로세스를 통해 과제가 확정됩니다. 예를 들어 기술개발 부서는 3년 중기 계획 정도를 미리 정해 놓습니다.

이들은 미래 수행 과제에 대해 사전에 정보를 조사합니다. 조사 자료를 근거로 팀 내부와 부서 간의 협의 과정을 거칩니다.

이들은 사전 검토 자료를 멋지게 꾸며서 경영진에게 보고합니다. 그 절차를 통해 승인된 과제만 수행합니다. 그러니 대기업 직원들은 자기가 해야 할 일을 언제나 똑바로 잘 알고 있습니다.

그러나 중소기업은 그렇지 않습니다. 과제가 들어오면 닥치는 대로 그냥 일합니다. 착수한 이 과제가 향후 회사에 어떤 영향을 미치는지 자체를 아예 생각하지 않습니다.

그래서 중소기업은 큰일을 하지 못합니다. 왜냐하면, 큰 계획을 수립하지 못하기 때문입니다. 큰 계획을 세우지 못하면 당연히 성과도 작을 수밖에 없습니다.

지혜로운 업무 프로세스

중소기업은 대기업과 업무선정부터 착수까지 차이를 똑바로 인식하고, 합당한 업무 프로세스를 만들어야 합니다. 프로세스가 복잡할 이유는 없습니다. 간단하게 정하면 됩니다.

예를 들어 보고서의 결재처럼 '작성-검토-확인-승인'의 과정을 업무수행 절차에 그대로 활용합니다. 업무를 이 4단계 절차로 실시합니다.

특히, 작성 단계에서는 '이 과제를 해야 하는지 말아야 하는지'를 철저하게 따져야 합니다. 쓸데없는 일을 열심히 효율적으로 잘하는 것만큼 쓸데없는 것은 없습니다.

업무를 4단계로 하면 복잡하다고 할 수도 있습니다. 일이 더 많다고 생각할 수도 있습니다. 그러나 전혀 그렇지 않습니다.

작성부터 승인까지는 혼자 다 해도 별로 문제없습니다. 그러나 승인 절차는 가능하면 과장 이상 또는 부서장이 하는 것이 더 좋습니다. 서류로 만들어서 관리하면 더 좋고 바쁘면 서류 없이 해도 상관은 없습니다.

형식이 중요한 것이 아니라 업무를 정해진 프로세스대로 수행하는 것이 중요합니다. 이렇게 시스템을 정해 두고 수행하면 생각을 체계적으로 하게 됩니다. 쓸데없는 일을 하지는 않습니다.

문제는 프로세스가 없어서 그런 방식으로 일을 생각조차도 하지 않는 것입니다. 특히 업무의 시작점에서는 반드시 업무 결과까지 고려하여 사전에 계획하는 업무 프로세스가 있어야 합니다.

첫째, 직원들에게 목표 일정과 목표 수준을 분명히 제시하십시오.
둘째, 업무를 준비하고, 계획하고 나서 실행하게 하십시오.
셋째, 반드시 실행 결과에 대한 성과를 평가하십시오.
넷째, 업무 착수 시 작성-검토-확인-승인의 과정을 거치게 하십시오.

황문선의 '억만장자로 이끄는 경영 혁신'
연봉은 차등 지급이 원칙

　당신의 회사는 일하는 대가로 적절한 보상을 하고 있습니까? 그 것을 직원이 그렇게 느끼고 있습니까? 이 질문이 불편하시다면 당신은 생각이 잘못되어 있습니다. 이제부터 다시 생각하십시오.

　나는 모든 직원에게 연봉을 '충분히 많이 주고 있는지'를 질문하는 것은 아닙니다. 내가 요구하는 질문은 '연봉 정책의 시스템 경영'입니다. 전체 금액이 아니라 운영을 따져보자는 것입니다.

　물론 이 책을 보고 있는 이상 당신의 회사는 경영 혁신을 통해 미래에 수익을 많이 낼 것입니다. 그래서 직원들에게 고액의 연봉을 줄 가능성은 매우 큽니다. 이는 별개의 이야기입니다.

　그러나 나는 일반론을 이야기합니다. 중소기업은 항상 충분한 연봉을 지급할 만큼 수익이 많이 나지 않습니다. 따라서 반드시 적절한 수준에서 인건비를 관리할 수밖에 없습니다.

대부분 기업의 인건비와 복리 후생비는 연 단위로 정해지게 됩니다. 경영진은 경영 상황에 대한 전체적인 판단으로 이 비용을 조정합니다. 그리고 대체로 업계 표준을 참고하여 정합니다.

만약 당해 수익이 많으면 연말 특별 상여금이나 차기 년도 연봉 인상의 폭도 커집니다. 그러나 경영 환경이 나빠서 이익이 적으면 연봉은 대체로 동결하거나 조금만 올립니다.

이렇게 경영자에게 급여 정책은 쉬운 문제가 아닙니다. 특히 인재 이탈 문제는 늘 고민이 됩니다. 낮은 연봉 때문에 인재 이탈을 인식하고도 개선을 못 한다면 '빈곤의 악순환'에 빠집니다.

역량이 좋은 훌륭한 인새가 이탈하면 업무 성과와 수익성은 나빠집니다. 그래서 회사가 빈곤해집니다. 회사가 돈이 없으니 역량이 빈곤한 값싼 인재를 채용할 수밖에 없게 됩니다.

이렇게 인건비는 회사의 경영 환경과 직원의 역량에 따라 조정되어 온 것입니다. 그래서 나는 굳이 전체 직원에게 주는 연봉의 총량을 따지지는 않습니다. 이는 인건비 혁신과는 무관합니다.

성과연봉제와 차등 지급

질문을 바꿔서 해보겠습니다. 당신의 회사는 적절한 성과 포상 시스템이 있습니까? 당신의 회사는 급여와 복리 후생비를 얼마나 효율적, 또는 효과적으로 잘 관리하고 있습니까?

우선 급여 체계부터 접근해 봅니다. 당신의 직원이 급여라는 단어에 '불만'을 연관 단어로 떠올리게 되면 급여 정책에 문제가 있는 것입니다. 그리고 당신은 급여라는 단어 속에 '인재 또는 자산'이라는 단어를 꼭 결부시켜 생각해야만 합니다.

이 인재 관리와 관련하여 질문을 하나 해보겠습니다. 불평불만이 많은 사람과 적은 사람 중 누가 이직을 할까요? 답은 불평불만이 적은 사람입니다. 그 이유는 간단합니다. 불평불만이 많은 사람은 이직하기 싫어서 불평불만을 쏟아 내는 겁니다.

그러면 업무수행 능력 면에서 볼 때 어떤 사람이 쉽게 이직할까요? 일 잘하는 사람과 못하는 사람의 비교입니다. 답은 의외로 일 잘하는 사람입니다. 능력이 없는 사람은 어느 회사도 잘 데려가지 않습니다. 그래서 이직하기 힘듭니다.

이 두 가지를 묶어서 생각할 때 그럼 누가 이직할까요? 답은 '일 잘하고 불평불만이 없는 사람'입니다. 당신의 상황에서 보면 가장 붙잡고 있어야 할 인재가 떠나가는 것입니다.

많은 중소기업은 이 문제가 매우 심각합니다. 이 문제를 해결하려면 시스템 경영이 필요합니다. 합리적인 제도를 만들어서 인재를 체계적으로 관리할 수 있어야 합니다.

일 잘하고 불평불만이 적은 사람이 그렇지 않은 사람보다 회사에 이바지하는 공로가 훨씬 큽니다. 그래서 이들에게는 항상 적절한 보·포상을 해줘야 이탈하지 않습니다.

따라서 보·포상 시스템은 무조건 업무 성과와 연동해서 운영해야 합니다. 그래서 합당한 운영 시스템인 '성과연봉제'를 도입해야 합니다. 그리고 무조건 '차등 지급'을 원칙으로 정해야 합니다.

차등 지급은 연봉에서 차이를 줄 수도 있고, 성과급을 다르게 지급할 수도 있습니다. 그러나 경영실적이 나빠서 성과급을 줄 수 없을 때는 성과급 차등은 무용지물입니다.

여기서 핵심 키워드는 연봉제가 아니라 '차등 지급'입니다. 특히 부서별로 연봉을 차등하는 것이 훨씬 중요합니다. 직원들이 회피하는 부서, 특히 회피하는 업무를 연봉 1순위에 두어야 합니다.

이런 제도를 '직무급 제도'라고 부릅니다. 이 제도는 직무의 중요성과 곤란한 정도에 따라 상대적 가치를 평가하는 것입니다. 이렇게 성과와 직무에 따라 연봉을 차등 지급하는 것이 잘 짜인 성과연봉제입니다.

구체적으로 설명하면 다음과 같습니다. 연봉이 5,000만 원인 직급 밴드가 있다고 가정합니다. 이때 10% 상하를 조정해 최고 성과자는 5,500만 원을, 최저 성과자는 4,500만 원을 지급합니다.

10%가 너무 폭이 커서 과하다고 판단하면 낮춰서 5%, 3%로 조정해도 됩니다. 그러나 확실하게 차이를 두는 것이 좋습니다. 도입 초기에는 직원 반발을 고려해 차이를 적게 합니다. 운영하면서 점차 차등의 폭을 목표하는 수준까지 높여가야 합니다.

이때 연간 총 인건비는 경영 전략에 따라 묶어 놓습니다. 이렇게 당신은 전체 인건비를 묶어두고 체계화된 연봉 시스템을 운영

할 수 있습니다.

인사고과의 중요성

성과연봉제와 차등 지급 제도는 충분히 직원들을 설득하여 시행해야 합니다. 대부분 일 잘하는 사람은 불만이 없습니다. 문제는 저성과자입니다. 본인의 평점을 못 받아들일 수도 있습니다.

저성과자가 긍정 마인드라면 '다음에 잘해서 성과를 높이겠다.'라고 생각합니다. 반대로 부정 마인드라면 불평불만을 쏟아 내거나 이직을 고민합니다. 그러나 그래도 별문제는 없습니다.

인사고과에 대한 불만으로 이직을 생각할 수준이라면 이미 문제가 있는 사람입니다. 어차피 조직을 해칠 사람이므로 자기 발로 나간다면 막을 이유는 없습니다.

여기서 중요한 것이 인사고과의 기준입니다. 기준이 불명확하면 평가가 뒤집히는 상황이 발생합니다. 역량이 우수한 직원이 저성과자로 평점을 받게 됩니다. 이 상황은 치명적입니다.

따라서 연초에 목표 설정할 때 평가자와 피평가자 간에 평가 기준에 대한 공정한 합의가 있어야 합니다. 연말에 평가 후에도 역시 두 사람 간에 결과에 대한 상호 동의가 반드시 있어야 합니다.

평가절차는 피고과자가 1차로 자기평가를 먼저하고, 고과자가 2차 평가를 합니다. 이를 경영진이 조율하면 좋은 제도입니다. 어떤 경우든 평가 결과를 서로 이해하고 동의를 해야 합니다.

나쁜 경우는 평가자가 편애하는 직원은 점수를 잘 주고, 밉상인 직원은 점수를 박하게 주는 경우입니다. 평가자가 사람인 이상 이 영향을 100% 배제할 수는 없습니다.

그러나 주관적 판단이 개입하는 것을 최대한 지양하고 업무 성과만으로 평가해야 합니다. 회사의 이익과 조직의 화합을 위해 희생한 공로는 반드시 평가 기준에 넣고 추가 점수를 주어야 합니다.

성과연봉제와 직무급제도와 관련하여 예를 들어보겠습니다. 서로 다른 부서에 두 명의 과장이 있다고 가정합니다. 한 명은 매일 칼퇴근하고 휴일 근무도 전혀 없습니다. 이름하여 꽃보직입니다.

나머지 한 명은 평일에 잔업도 많이 있고 주말에도 자주 업체 출장을 갑니다. 업무 스트레스도 많습니다. 이 두 과장이 직급이 같다고 해서 급여통장에 같은 금액이 찍히면 절대로 안 됩니다.

이들은 똑같은 연봉에 대해 오히려 불공정하다고 느낍니다. 각각 업무의 질과 양이 다르기 때문입니다. 이것을 상식적으로 공정하게 만들어 주는 것이 혁신 시스템입니다.

복리 후생비의 체계적인 사용

복리 후생비의 사용에 대한 기준도 시스템화가 필요합니다. 복리 후생비는 체육 활동비나 단합 대회 등의 행사 지원비, 학자금, 명절 기념품, 주택 자금, 경조사비 등이 있습니다.

복리 후생비는 적은 액수라도 반드시 명확하게 제도화해서 관리해야 합니다. 예를 들어 직원들 지출 비용 중에 명확하게 업무 연관성이 있어서 복리 후생비로 지급할 것들이 있습니다.

이런 비용을 경영진의 판단에 따라 주고 안 주고를 결정하면 직원들의 불만이 높아집니다. 상세하게 명문화시켜 규정에 맞으면 반드시 지급하고 맞지 않으면 지급을 안 해야 합니다.

복리 후생비 중에 큰 금액이 드는 행사는 사전에 짜임새 있게 기획을 잘해야 합니다. 체육 행사 같은 경우는 잘못 기획하거나 잘못 진행하면 비용대비 효과가 거의 없을 수도 있습니다.

경영진은 큰 거 한방 해주었다고 내세울 수 있습니다. 하지만 직원들은 재미도 없는 행사에 억지로 참여시켰다고 생각할 수도 있습니다. 그래서 이런 행사는 직원들의 충분한 의견 수렴이 필요합니다. 반대가 많다면 대체안을 마련해야 좋습니다.

특히 이런 단체 행사는 주체와 객체를 분명히 해야 합니다. 경영진은 대접하는 상황이고 직원들은 대접받는 상황입니다.

이 행사는 직원들에게 '열심히 일해 줘서 고맙다'라고 마음을 표현하는 자리입니다. 그러나 경영진이 행사를 즐기고 직원들이 봉사한다면 돈만 쓰고 아무런 효과도 얻지 못하게 됩니다.

효과성과 효율성의 추구

경영자는 인건비든 복리 후생비든 반드시 예산 지출이 있으면 그에 따른 효과성과 효율성을 생각해야 합니다. 모든 지출은 '주는 회사의 입장과 받는 직원의 입장'에서 의견의 차이가 발생합니다.

관행처럼 전략이 없이 지출한다면 직원의 관점에서 만족도는 천지 차이입니다. 경영진은 혁신적으로 시스템을 정비하여 비용의 지출을 합리적으로 관리해야 합니다.

나는 다시 한 번 강조합니다. 당신의 직원이 '급여'에 '불만'을 연관 단어로 떠올리면 정책에 문제가 있다고 했습니다. 복리 후생비도 또한 마찬가지입니다.

당신은 이 두 항목에 대해 혁신적인 제도운영으로 '만족 또는 자부심'이라는 단어로 연결할 수 있어야 합니다. 이제 당신은 인건비 시스템을 체계적으로 정비하십시오.

성과연봉제와 직무급 제도를 도입하고 복리 후생비도 전략적인 사용으로 재검토하십시오. 비용의 사용 결과를 철저히 점검하고 반드시 효과성과 효율성을 따지시기 바랍니다.

시장에서 물건 하나를 사면서도 가성비를 따집니다. 1년에 몇 억씩 들어가는 인건비와 복리 후생비를 지출하면서 가성비를 따지지 않는다면 경영을 잘못하고 있는 것입니다.

황문선의 '억만장자로 이끄는 경영 혁신'
인재육성의 비법은 130%

당신은 직원의 업무 역량을 평가하십니까? 직원들의 역량이 어떻게 성장하고 발전한다고 생각하십니까? 나는 업무 역량의 향상은 '미션과 성과의 체계적인 관리'가 핵심이라고 생각합니다.

정확한 미션을 주고, 미션에 대한 성공률을 반드시 점검하는 것이 개인 역량을 발전시킨다고 생각합니다. 자기 계발의 가장 큰 성공 요인은 목표 의식입니다. 목표 대비 실적이 가장 중요합니다.

훌륭한 팀장은 자신의 개인 능력이 뛰어난 사람보다 팀원들이 잠재력을 잘 발휘하게 해주는 사람입니다. 팀원의 잠재력을 끌어내기 위해서는 업무의 배분이 정확해야 합니다.

훌륭한 팀장은 팀원에게 목표를 올바르게 부여하고 팀원의 역량을 수시로 높여주고, 반드시 성과를 달성하게 하고, 성과에 따라 올바르게 포상을 하는 사람입니다.

이때 팀장이 목표를 부여할 때 개인의 역량보다 부족하게 목표를 주면 안 됩니다. 그러면 구성원은 업무를 게을리하게 되고 개인 역량은 반드시 퇴보합니다.

따라서 팀장이 팀원에게 목표의 수준을 어떻게 정해주는지가 업무 성과는 물론이고 개인의 성장과 발전에 큰 영향을 줍니다.

대기업에서는 항상 업무 목표에 대비하여 인력을 모자라게 관리합니다. 나는 대기업에 근무할 때 단 한 번도 어떤 미션에 대해 인력이 충분하다고 생각해 본 적이 없습니다.

대기업은 업무량 증가 속도가 인력 재용의 속도를 앞질러갑니다. 나는 대기업의 이런 인력 관리 방식을 저만의 용어로 '최소인력의 법칙'이라고 부릅니다.

대기업에 근무할 때 동료들과 농담으로 "딱 죽지 않을 만큼 일을 시키네."라고 말하곤 했습니다. 이렇게 최소인력의 법칙이란 일할 때 필요한 인력보다 반드시 적게 인력을 편성하는 것입니다.

사람이 모자랄 때

대기업 방식은 이렇습니다. 만약 다섯 명 분량의 과업이 있다고 가정합니다. 대기업은 최소인력의 법칙에 따라 사람이 한 명 적은

네 명으로 그 일을 하게 합니다.

　네 명이면 자신들만으로 과업을 충분히 완수할 수 없다는 것을 압니다. 그래서 일을 하면서도 창의적인 생각을 동원해 업무 프로세스를 바꾸거나 업무절차를 간소화합니다.

　팀원을 네 명만 주면 누가 봐도 적은 인원으로 힘겹게 일하는 것 같습니다. 일이 잘되면 팀원들은 엄청난 칭찬을 받게 됩니다. 간혹 결과가 잘못되더라도 지도자는 야단칠 수 없습니다.

　구성원들도 어려운 조건에서 나름 잘하고 있다고 생각하며 강한 자부심을 느낍니다. 네 명이 하던 일이 업무절차가 개선되고 안정화되면 여기서 또 한 명을 빼서 세 명으로 일을 시켜야 합니다.

사람이 남을 때

　반대의 상황입니다. 만약 다섯 명으로 맞춰 주면 처음에는 일이 잘 풀립니다. 그러나 시간이 지나면 이들 중 한 명은 놀게 됩니다. 나머지 네 명은 일이 많다고 생각하고 충원을 요구합니다.

　뭐가 조금만 잘 안되어도 인력 탓을 하며 인력을 자꾸 늘려 달라고 합니다. 그래서 늘려 주면 늘려 준만큼 그중에 누군가는 반드시 놀게 됩니다. 역량을 스스로 낮춰버리는 것입니다.

　이는 악순환의 고리입니다. 이 프로젝트 수행의 결과는 뻔합니다. 결과가 잘 나와도 칭찬이 있을 수 없고, 잘못하면 심한 질책만 따를 뿐입니다.

역량의 130%를 목표로 주어라

　기업에서 어떤 업무를 부여할 때는 나는 반드시 '역량의 130% 목표'를 주는 것이 좋다고 생각합니다. 그래야 30%는 수행하지 못하더라도 목표치의 100% 수행 결과를 가져옵니다.

　이것은 업무의 양과 질 모두에 해당합니다. 어려운 일을 시킬 때도 130% 정도 어려운 일을 시켜야 합니다. 쉽게 처리할 수 있을 것 같은 일만 시키면 이 역시 역량은 퇴보합니다.

　심지어 똑똑한 직원은 130%를 다 완결해서 결과를 가져옵니다. 이 친구는 130%를 100으로 보고 다시 올려서 130%를 부과해야 합니다. 그래서 계속해서 역량이 30%씩 향상되는 것입니다.

　그러나 간혹 150%로 너무 과도하게 미션을 주면 받는 사람이 아예 실현 불가능하다고 판단합니다. 시작할 엄두를 못내 의욕을 잃어버리기 때문에 잘못된 업무 배분입니다.

　반대로 100%에 딱 맞춰서 과업을 주면 반드시 10~20%를 못 채우게 됩니다. 늘 80~90%만 결과를 가져옵니다. 이렇게 되면 개인 역량이 점차 저하됩니다. 자연스럽게 태만해집니다.

　인간의 능력은 생각보다 훨씬 강합니다. 능력을 점점 키우다 보면 인간의 능력은 거의 무한대로 증가합니다. 우리의 상식선에서 생각할 수 있는 업무량보다 더 많은 일을 수용할 수 있습니다.

개인 역량을 퇴보시켜 저성과 인력으로 만드는 것은 개인의 게으른 성격보다 적정한 미션의 부과 문제입니다. 이것이 대기업과 중소기업의 개인 역량이 다른 이유라고 나는 생각합니다.

인력을 계속해서 충원해서 늘려 가기보다는 항상 모자란 채로 빡빡하게 관리해야 합니다. 그 인력들이 업무에 매몰되는 것보다는 작업 프로세스를 개선하려고 노력해야 합니다.

아무리 충분한 인력이라고 판단해도 며칠만 지나면 일이 많다고 말합니다. 직원들은 항상 업무가 많다고 느낍니다. 이것이 그들의 일반적인 사고방식입니다.

당신이 보기에 인력이 충분한 것 같은데도 인력이 모자란다고 불평불만 하는 직원들에게 이렇게 질문을 한번 해보십시오.

"한 가지 제안합니다. 충원에 해당하는 비용을 나눠서 연봉을 올려 줄게요. 그냥 당신들이 감당할 수 없나요?" 만약 돌아오는 답이 '예'라면 채용을 하지 않아야 합니다.

왜냐하면, 이들은 현재 인원으로 일을 충분히 소화할 수 있는데 그들 스스로 자신의 역량을 낮춰 잡은 것입니다. 스스로 역량을 향상하려는 노력 대신 저성과자의 길을 선택한 것입니다. 이렇게 되면 계속해서 역량이 낮은 직원들로 사람 수만 늘리게 됩니다.

반면에 답이 "아니요"라고 하면 실제로 인력이 필요하다는 뜻입니다. 이 말은 현재 조건에서 불가항력이라는 의미입니다. 이런 경우 당신이 인건비를 더 늘리지 않으려면 투자비를 늘려야 합니다.

실제로 아무리 열심히 일한다 해도 중소기업 직원이 대기업 직원보다 전체 업무시간이 짧은 것은 맞습니다. 개인적인 경험을 바탕으로 추정해보면 공식적인 업무시간도 짧습니다.

중소기업이 잔업, 휴일 근무 등이 다소 많아 근무시간이 훨씬 긴 것 같습니다. 그러나 대기업의 경우는 비공식 업무시간이 많습니다. 대충 추정해보면 평균 20% 이상 더 많은 것 같습니다.

내가 경력사원으로 입사해서 연수를 받을 때 삼성에서 왔다는 과장은 연애와 결혼을 꼭 하고 싶어서 이직했다고 합니다. 그들은 일하느라 퇴근이 늦어 아예 연애할 시간이 없었다는 것입니다.

여러 이유로 중소기업은 인당 생산성이 대기업보다 떨어집니다. 이렇게 업무 효율이 떨어지는 이유를 지혜롭게 분석해 보면 바로 '선택과 집중'의 문제이지 결코 관리 감독 문제가 아닙니다.

어떤 회사는 작업 현장과 사무실에 CCTV를 설치해 감독하는데 이는 잘못된 판단입니다. 생산성이 떨어지는 것은 직원들의 태도 문제가 아닙니다. 어떤 업무에 집중하는지 선택의 문제입니다.

중요도 순으로 업무를 분석하라

내가 경험했던 선택과 집중의 간단한 혁신 사례를 소개합니다. 중소기업 기술 이사로 근무할 때 나는 직원들과 업무 효율의 문제를 심도 있게 고민했습니다. 그래서 회의 보고 자료에 반드시 업무 최소인력의 법칙과 별개로 나는 인력 운용에서 꼭 필요한 기능이 '축구의 리베로 기능'이라고 생각합니다. 리베로는 일에 매몰되지 않고 업무 밖에서 넓은 시각으로 생각하는 사람입니다.

   때때로 당신이 자유롭게 불러서 그 과제에 대해 지시하고 토의할 수 있는 사람입니다. 특히 질문이 많은 사람을 리베로로 활용해야 합니다. 그런 사람이 지혜가 있는 사람이기 때문입니다.

   아무리 인력이 부족해도 리베로 기능을 없애 버리면 안 됩니다. 한 명은 반드시 리베로의 기능을 부여해야 합니다. 그에게 업무 프로세스 개선의 미션을 부과해야 합니다.

   이런 배치는 처음에는 진척도가 느리지만, 나중에는 매우 빠르게 속도가 날 것입니다. 사람이 적응을 잘하기 때문입니다. 여기서 주의할 점은 간혹 부서장에게 리베로 기능을 부여하는 것입니다.

   이는 무조건 실패합니다. 부서장은 업무 목표를 관리하므로 항상 마음이 조급합니다. 게다가 자신이 그 일을 직접 담당하는 사람이 아닙니다.

   부서장은 조급한 마음과 자신의 지위를 이용해 업무 프로세스 개선에 대해 직접 개입합니다. 부서장이 자신의 아이디어를 자꾸 말하면 실무자들이 자신의 아이디어를 숨기게 됩니다.

   그래서 잘못된 개선 아이디어가 실무에 적용되는 사례가 종종 발생합니다. 이는 매우 큰 비효율을 가져옵니다. 그래서 부서장의 조직 관리와 팀원의 창의적 사고는 전혀 다른 지점에 있습니다.

이상 인재육성과 인력운영의 혁신적 전략은 다음과 같이 요약할 수 있습니다.

첫째, 당신은 인력을 충분하게 할당해서 일을 시키면 안 됩니다. 최소인력의 법칙을 활용하십시오. 인력은 항상 과업보다 모자라게 유지 관리하십시오.

둘째, 개인 미션을 부여할 때 역량의 130% 목표를 유지하십시오. 이 전략이 개인을 잠재역량을 끌어내서 고성과자로 만드는 핵심입니다. 당신은 인간의 무한한 성장 가능성을 믿어야 합니다.

셋째, 축구의 리베로 기능을 활용하십시오. 리베로에게 창의적으로 업무 프로세스를 개선하도록 미션을 부여하십시오.

황문선의 '억만장자로 이끄는 경영 혁신'
성공하는 직무 순환제도

당신은 직무 순환제도를 시행하고 있으십니까? 혹시 직무 순환을 하면 업무에 혼란만 생긴다고 생각하십니까? 나의 관점에서 이는 틀린 생각입니다. 업무는 어떤 보직의 경우에도 60% 이상은 유사합니다.

인재를 빨리 키우려고 한다면 직무 순환(job rotation) 제도는 무조건 필요한 제도입니다. 회사에서 인재는 큰 자원입니다. 인재 육성에 직무 순환제도를 잘 활용하십시오.

보통 대기업 부장 정도의 업무 역량을 갖춘 인재를 키우는 데는 직간접 교육비용이 20억 정도 소요된다고 합니다. 대기업은 인재를 키우는데 그만큼 많은 투자를 합니다.

교육훈련과 더불어 대기업에는 일정 수준의 직무 순환제도가 있습니다. 이 직무 순환제도도 인재육성의 중요한 도구입니다.

대기업은 큰 가용 인력 집단(human resource pool)이 있어서 쉽게 직무 순환이 가능합니다. 그러나 대기업도 전문적인 영역의 직종은 상호 직무 순환을 하지 않습니다.

예를 들어 생산 팀원을 영업에 보내는 일은 종종 있습니다. 그러나 생산 팀원을 회계 부서에 발령 내는 경우는 절대로 없습니다. 이는 업무의 호환성이 상당히 떨어지기 때문입니다.

중소기업은 오히려 인력을 한 직종에 붙박이로 붙여 놓은 경우가 많습니다. 이는 매우 잘못된 제도입니다. 오히려 중소기업일수록 더 직무 순환을 해야 합니다.

중소기업은 업무의 종류 대비 인원수가 적기 때문에 한 사람이 다기능을 해야 합니다. 그래서 중소기업은 간혹 일 잘하는 중견 간부가 몇 달 쉬게 되면 경영실적이 좋지 않게 됩니다.

이런 일인 다기능 때문에 직무 순환 없이 한 명이 퇴사하면 신규 인력 2~3명을 채용해야 감당이 됩니다. 특히 작은 규모의 회사일수록 인력을 붙박이로 운영한 경우에 문제가 크게 발생합니다.

직무 순환이 없어서 생기는 문제

거래처에 매우 유능한 직원으로 김 대리가 근무하고 있었습니다. 김 대리는 처음에는 간단한 사무 보조로 시작했습니다. 그러다 경험이 늘면서 점점 업무량이 늘어났습니다.

나중에는 원재료 발주, 입·출고 관리, 출하 배차, 출장비 관리, 소모품 관리, 기자재 발주까지 담당하였습니다. 혼자서 생산 지원, 영업 지원, 연구지원, 물류 지원 업무를 다 담당했던 것입니다.

김 대리는 결혼과 출산으로 육아 휴직을 해야 할 상황이 되었습니다. 회사는 재빨리 모집 공고를 내고 대체 인력을 선발하였습니다. 김 대리는 업무 인수인계를 마치고 휴직에 들어갔습니다.

그러나 일주일 만에 신규직원은 다시 퇴사하였습니다. 그 이유는 급여는 적고 해야 할 일이 너무 많다는 것입니다. 이후 총 4명의 신규직원이 며칠씩 입사했다가 모두 그만두었습니다.

이들 모두 혼자의 힘으로 도저히 김 대리의 업무를 감당하지 못한 것입니다. 회사는 김 대리의 업무 공백에 관리부서 전원이 달라붙어 수습했지만 자잘한 실수가 터지지 않는 날이 없었습니다.

그렇게 몇 달을 버티다가 결국 김 대리가 출산 후 복귀하자 조용해졌습니다. 이 회사가 조직 관리에 허점이 생긴 이유는 간단합니다. 직무 순환제도가 없었다는 것입니다.

관리부에 김 대리 외에도 3명이나 직원이 있었으나 신규직원이 정착할 때까지 김 대리의 업무 일부를 받아서 처리해 줄 사람이 아무도 없었습니다. 업무를 모른다고 동료들이 방관한 것입니다.

이처럼 직무 순환이 없이 직원이 자리를 비우면 반드시 업무 공백이 발생합니다. 기업 규모가 작을수록 이들 공백은 상당히 치명적인 영향을 줍니다.

직무 순환의 장점

직무 순환의 장점은 크게 세 가지로 볼 수 있습니다.

첫째 직무 순환은 업무 공백을 예방합니다. 직무 순환은 결원이 발생할 때 업무 공백에 대응이 매우 유리합니다. 그 일을 아는 사람이 팀 내 여럿이 있으면 조금씩 나눠서 처리할 수 있습니다.

중소기업의 대표는 대체로 새로운 일을 가져오는 사람입니다. 그래야 기업이 발전합니다. 그런데 회사 내에 대표가 가져온 새로운 일을 받아 줄 사람이 전혀 없다면 그 일을 곧바로 사장됩니다.

대표에게는 항상 일을 받아줄 '적임자'가 필요합니다. 대표가 새로운 일을 가져와 적임자에게 업무 지시를 하면, 그가 맡았던 기존 업무는 나머지 직원들이 나눠서 처리해줘야 합니다.

적임자는 본래의 업무에서 벗어나야 새 과업을 집중해서 처리할 수 있습니다. 직무 순환은 이런 문제를 쉽게 해줍니다. 직무 순환은 이렇게 황금 같은 업무 수용자를 키울 수 있게 해줍니다.

둘째 직무 순환의 장점은 폭넓은 시야를 제공합니다. 특히 중소기업의 기술직종은 폭넓은 시야가 굉장한 힘을 발휘합니다. 대체로 '기술자'들은 시야가 편협 되어있습니다.

직업의 특성상 자기가 가진 과제에 집중해야 합니다. 그러다 보면 과장, 차장, 부장으로 직급이 높아져도 사고가 편협 되어버립니다. 이들은 과제 중심으로 깊이 파고드는 것에 익숙합니다.

　이 분야는 기술 수준이 높은 과제를 할수록 전문성이 요구됩니다. 응용기술보다는 전문지식을 요구하는 대기업에서는 이런 인재가 잘 통합니다. 반면에 중소기업에서는 이런 인재는 취약합니다.

　중소기업에서는 응용기술이 중요합니다. 폭넓은 정보를 가진 사람이 유리합니다. 시야가 넓을수록 일을 잘하게 됩니다. 다양한 정보를 가지고 상황을 빠르게 판단해야 성과를 잘 냅니다.

　따라서 중소기업에서는 직무 순환을 통해 다양한 과제를 경험하게 함으로써 기술자의 시야를 넓혀 주어야 합니다. 그러면 넓은 시야로 훨씬 좋은 업무 성과를 이루어 낼 것입니다

　셋째는 업무의 형평성 문제입니다. 중소기업은 업무 배분이 대기업보다 훨씬 더 편중됩니다. 대기업은 조직의 분화가 오랜 역사 속에서 이루어져서 업무 편중 현상이 거의 없습니다.

　중소기업에서는 한정된 인원으로 모든 업무를 처리해야 합니다. 그래서 조직을 수평과 수직으로 정확히 구분하면 안 됩니다. 업무에 대해 통합적 관리가 필요합니다.

　그러다 보면 부서 경계 선상에 있는 업무는 항상 공중에 뜨게 됩니다. 결국은 밀려가서 그 일을 잘 처리할 만한 사람에게 몰리게 됩니다. 그래서 반드시 특정인에게 업무가 편중됩니다.

　앞의 김 대리도 업무가 편중된 사례입니다. 같은 부서 다른 직원들과 비교해 너무 많은 일을 혼자 감당했던 것입니다. 나머지 직

원들은 얄밉게도 김 대리 업무를 분담하려 하지 않은 것입니다.

　직무 순환을 하게 되면 자연히 업무 분량도 균등하게 배분됩니다. 원리는 단순합니다. 과거에 내가 떠넘겼던 일이 그 자리에 가면 내가 해야 하는 일이 되기 때문에 그렇습니다.

　직무 순환은 이상의 세 가지 외에도 조직 이기주의 타파나 리더십 배양 등에도 좋은 장점이 있습니다. 이런 여러 장점이 있으므로 정비된 직무 순환 체계를 만들어 실행하는 것이 좋습니다.

　우선 조직과 직제를 정확히 규정하고 직무 순환의 범위와 수행 주기를 고려해 최대한 효과적인 방안을 찾아서 제도화하여야 합니다. 이것은 매우 훌륭한 시스템 경영의 도구가 됩니다.

황문선의 '억만장자로 이끄는 경영 혁신'
시간을 지혜롭게 관리하라

당신은 어떤 일을 먼저 하십니까? 급한 일을 먼저 하십니까? 아니면 중요한 일을 먼저 하십니까? 당연히 중요하면서 급한 일을 먼저 하는 것이 최선입니다.

사람들은 중요한 일과 급한 일에 대해 논리적인 판단 없이 일합니다. 동료들과 협의도 없이 혼자 감각적으로 판단합니다. 중소기업에서는 대체로 눈앞에 닥치는 일을 주로 합니다.

휘몰아치는 업무 광풍에 직원들의 일과는 정신없이 돌아갑니다. 그러나 놀랍게도 자신이 한 일 대비 해낸 결과물은 대기업에 직원보다 형편없이 초라합니다. 바로 중소기업에서는 선택과 집중에 대한 올바른 훈련이 없기 때문입니다.

황문선의 '억만장자로 이끄는 경영 혁신'
자발적으로 일하게 하라

　당신은 일하는 것이 행복하십니까? 당신의 직원은 일하는 것이 행복하다고 생각할까요? 나는 비교적 일하는 것이 행복합니다. 늘 그런 것은 아니지만 거의 일상적으로 그렇습니다.

　최근 일(working)과 생활(life)의 균형(balance)에서 유래한 '워라벨(worabel)'이라는 단어가 유행입니다. 개인의 사생활을 중시하는 쪽으로 사회적 가치가 바뀌어 가고 있습니다.

　균형이라는 말은 원래 공존하기 힘든 두 개념이 부딪힐 때의 어떤 중간점을 의미합니다. 즉 일과 생활은 동시에 양립하기 어렵다는 뜻입니다. 이것이 요즘 세대의 정신적 철학입니다.

　우선은 일에 대한 사람들의 상반되는 두 가지 태도를 정리해 보의 우선순위로 과제를 배열하도록 지시했습니다.

빈 노트에 2×2 박스를 그리고 중요도를 가로축에 시급성을 세로축에 둡니다. 왼쪽에 아래에 위치하는 업무를 1순위, 가장 오른쪽 위에 위치하는 업무를 최하 순위로 정의합니다.

그리고 나는 우선순위를 기준으로 '매일 3건씩만 처리'하라고 직원들에게 지시했습니다. 어차피 순위가 높은 데도 쉽게 처리가 안 되는 것은 단기 과제가 아니라 중기 이상의 과제입니다.

탄력근무제를 활용하라

여기까지의 혁신 제안은 비교적 잘 수용되었습니다. 긍정적인 변화가 느껴지는 상황에서 다시 2차 혁신안을 도입하여 실시했습니다. 바로 탄력근무제를 시행한 것입니다.

간혹 중요하고 긴급한 업무 중 당일 처리가 어려운 과제가 있습니다. 만약 완료 일정이 내일이라면 다음날 오전 휴무 보장을 조건부로 나는 직원들에게 밤샘 작업을 하게 했습니다.

기분에 따라 일하기가 싫으면 과감하게 하루 휴가를 내게 했습니다. 그리고 돌아오는 휴일에 수당 없이 대체 근무를 하도록 했습니다. 이런 근무를 탄력근무제 또는 집중 근무제라고 합니다.

그러나 이는 실행이 어려웠습니다. 누구나 빠져 있는 관성과 매너리즘이 문제였습니다. 보통 야근은 밤 10시를 못 넘기고 포기하고 퇴근해 버리는 것입니다.

주말 대체 근무도 피하려 했습니다. 업무 마감 일정에 대한 책임감과 자기 업무에 대한 주인 의식이 모자란 것입니다.

더구나 더 심각한 문제는 관리부서에서 이런 대체 근무를 용인 못 한다는 것입니다. 밤샘 근무하고 오전에 쉬는 사람에게 전화해 출근하지 않았다고 따지는 상황이 발생한 것입니다.

출근할 때마다 지문을 찍는데 이 지문 관리에 혼란이 생긴 것입니다. 혁신 제도가 아무리 좋다고 해도 담당 부서를 설득하지 못하고서는 수행할 수 없습니다.

업무 효율성을 위한 혁신을 정리해 보면 다음과 같습니다.
첫째, 중요성과 시급성으로 업무의 우선순위를 정하라.
둘째, 하루에 중요한 업무 딱 3건만 처리하라.
셋째, 업무 완수를 위해 선택과 집중해라

D-2 일정 준수 혁신기법

일정 관리 혁신 사례를 소개합니다. 기업의 업무는 대부분 기한이 정해져 있습니다. 대기업에서는 고객과 사소한 일정도 전부 보고하므로 약속을 지키지 못하면 문제가 발생합니다.

바로 인사고과 평점이 낮아집니다. 그래서 가능한 한 철저히 약속을 지킵니다. 그러나 중소기업은 상당히 느슨하게 관리합니다. 대체로 일정을 준수하는 경우가 별로 없습니다.

중소기업과 거래처 간에는 서로 바쁜지 알기 때문에 일정이 늦어져도 이해하고 넘어갑니다. 그러나 이는 신뢰가 깨지는 길입니다. 서로 불편해집니다. 고객도 어쩔 수 없이 약속할 때마다 며칠의 여유를 예비해 두게 됩니다.

고객과 일정 준수는 좋은 관계 형성의 기본입니다. 반드시 약속된 기일을 지켜야만 합니다. 아니 오히려 일정 전에 요청을 처리함으로써 깊은 신뢰를 얻어낼 수 있습니다.

그래서 나는 업무에 'D-2 업무 처리기법'을 도입했습니다. 이런 일정 관리 기법은 내가 나름대로 정한 것으로 내용은 간단합니다.

정해진 기한이 있는 업무에 대해서 D-day를 정합니다. D-day에 마이너스 2를 해서 그날에 모든 업무를 마무리하는 방법입니다. 마감 이틀 전에 어떻게든 업무를 완료합니다.

나도 이 방법을 깨닫기까지는 대략 20여 년이 걸렸습니다. D-2일에 업무를 마무리하고 고객에게 연락하여 처리 결과를 통보하거나 자료를 미리 보내면 몇 가지 장점이 생깁니다.

첫째, 수정이 가능합니다. 의사소통의 오류로 인해 엉뚱한 일을 하게 될 때 이틀의 여유가 있어서 대부분이 수정할 수 있습니다. 이틀은 생각보다 긴 시간입니다.

둘째, 업무 완성도가 높아집니다. 여유가 생긴 일정 때문에 최초 요청해온 고객 담당자가 자료를 미리 봅니다. 그의 검토 의견이 추가로 들어가면서 자료의 내용이 한층 더 좋아집니다.

셋째, 심리적으로 안정합니다. 고객과 미리 협의해서 결론을 내놓고 D-day를 기다리므로 훨씬 스트레스가 줄어듭니다.

이전에 D-2 기법을 고민하기 전 나의 경험담입니다. D-day에 업무를 잘 처리한다고 해도 별도로 한두 가지 수정사항이 생깁니다. 그걸 수정하는 과정에서 날짜가 하루나 이틀이 휙 지납니다.

그러면 꼭 내가 뭔가 잘못해서 일정 준수를 못 한 것같이 됩니다. 나로서는 억울하지만 그런 일이 종종 발생합니다. D-2 기법은 이런 상황을 확실히 예방해줍니다.

D-1일에 완료하면 작은 문제 정도는 바로 처리할 수 있습니다. D-2일에는 대부분의 큰 문제도 다 처리할 수 있습니다. 그리고 처리 불가능한 문제는 상대방과 다시 협의할 수 있습니다.

이틀을 남겨놓은 사전 협의이기 때문에 소통할 때 서로 훨씬 편한 마음입니다. 그래서 일하는데 스트레스가 적어집니다. D-2 기법을 활용해 보십시오. 훨씬 마음이 편할 것입니다.

황문선의 '억만장자로 이끄는 경영 혁신'
끝에서 시작해 과정을 맞추어라

당신은 혁신적 업무 프로세스를 고민하십니까? 나는 늘 혁신적인 업무 프로세스를 고민합니다. 최근 경영의 화두는 열심히 일하는 프로세스가 아니라 똑똑하게 일하는 프로세스입니다.

나는 기존에 누구도 하지 않은 나만의 독특한 업무 방법을 하나 만들어 봤습니다. 바로 '성공해놓고 과정 끼워 맞추기' 방식으로 일하는 업무 프로세스입니다.

먼저 미래 성공을 현재로 가져다 놓습니다. 현재 시점으로 업무가 성공적으로 완료된 것으로 가정합니다. 그리고 그 과정에 필요한 중간 요소를 퍼즐 맞추듯이 맞춰 가는 방식입니다.

이전 회사에 근무할 때 수행했던 몇 가지 사례를 소개합니다.

첫째, 나는 출장을 가기 전에 출장의 전 과정을 미리 머릿속에 그려 봅니다. 출장 보고서를 미리 써보기도 합니다.

둘째, 개발을 착수하기 전에 완성된 제품이 존재하는 것처럼 구성해 놓고 다시 분해해서 역으로 조립합니다. 자료들도 미리 전부 만듭니다.

셋째, 신규 업체를 진입하려고 일을 착수하기 전에 마치 기존 거래 업체인 것처럼 가정하고 뭐가 필요한지를 생각합니다.

이것을 '사전 기획'이라고 합니다. 기획은 막연히 미래 상황에 대한 예측이 아니라 완벽한 성공의 지도(roadmap)를 만드는 것입니다. 예측 불가능한 변수가 많을수록 이 방법은 성공적입니다.

손자병법에 보면 싸우지 않고 승리를 예측하는 전략이 있습니다. 또는 싸우기 전에 승리할 가능성이 없는 전쟁은 아예 시작하지 않는다는 전략도 있습니다.

이것이 성공해놓고 과정 끼워 맞추기와 일맥상통하는 논리가 아닌가 싶습니다. 내가 중간 퍼즐을 쉽게 확보할 수 있으면 이기는 싸움이고 얻기 어렵다면 지는 싸움입니다.

먼저 쓰는 출장 보고서

나는 언제부턴가 출장 보고서를 출장이라는 임무가 머리에 들어오는 순간부터 작성하기 시작합니다. 출장을 출발하기 전에 출장 보고서를 출장을 다녀온 것처럼 미리 작성해 봅니다.

방문 업체, 방문 일시, 미팅 대상자, 배경 상황을 먼저 대략 정리해 봅니다. 상세한 방문 목적과 고객 요구사항에 대해서도 고민해 봅니다. 미팅할 때의 예상 내용도 미리 정리해 봅니다.

어차피 예정 사항이기 때문에 가상의 내용을 정리합니다. 불명확한 부분은 빈칸으로 남겨 둡니다. 출장 중에 예상되는 고객과의 협의 사항 및 관찰 사항, 토의 주제도 미리 영화 시나리오를 짜듯이 사례별로 정리해 봅니다.

마지막으로 향후 계획과 대응 방안 그리고 차기 미팅 일정 계획 등에 대해서도 미리 정해 봅니다. 필요한 사진이나 관련 첨부 자료들도 제목 정도는 달아 놓고 빈칸을 만들어 놓습니다.

이렇게 보고서를 미리 써 놓고 출장을 다녀와서 빈칸을 채워 넣어 완성하게 됩니다. 이런 방식으로 거꾸로 생각해서 일하게 되면 출장 중에 할 행동이 명확해집니다.

그러므로 출장 준비도 충실하게 되고 돌발 상황에 대한 대응도 흔들림 없이 가능하게 됩니다. 이를 문서로 작성할 시간이 없다면 출장 갈 때 차 안에서 머릿속에 정리해 갑니다.

개발해놓고 과정 맞추기

제품의 개발 과정도 그렇습니다. 제품이 있다고 우선 가정합니다. 개발이 끝난 것으로 가정하고 일을 시작해야 합니다. 완성된 제품이 존재하는 것처럼 생각하고 그 제품의 부속품이든 성분이든 모두 분석하듯이 분해와 조립을 해보는 것입니다.

또한, 완성된 제품이 있으면 존재해야 할 서류도 있습니다. 개발 완료 보고서, 제품 설명서, 제품 홍보 자료 등입니다. 어떤 서류는 사전에 100% 완성할 수도 있습니다.

서류 중 어느 부분은 개발을 반드시 끝내야만 완성할 수 있습니다. 이렇게 채울 수 없으면 빈칸으로 둡니다. 이런 식으로 미리 자료를 구성하다 부족한 부분이 생기면 비워둡니다

그것을 다 채우면 개발이 끝나는 것입니다. 이렇게 접근하는 방식이 훨씬 빨리, 그리고 더 좋은 성능의 제품에 도달하게 됩니다.

어려운 과제는 중간 과정의 많은 부분을 못 채웁니다. 이는 어쩔 수 없는 변수입니다. 그래도 개발 과정에서 이들을 하나씩 '지우개 찬스'처럼 지워 나가면 일이 더 명확해집니다.

신규거래처 진입

신규 업체 진입도 마찬가지입니다. 현재 그 업체를 공급 중이라고 가정합니다. 그래서 필요한 제품과 서류 등을 미리 준비합니다. 현재 내가 가지지 않은 모든 것들은 빈칸으로 남겨 둡니다.

아직 제품이 개발 중이거나, 성능 개선 중이거나, 품질 승인이 안 끝난 것이라면 개발 부서에 과제 수행을 의뢰합니다. 개발 부서와 협의해 필요한 제품의 품질 수준과 성능도 미리 정합니다.

서류들도 관련 부서와 같이 만들어나갑니다. 제품의 홍보를 위

한 자료도 미리 만들어 두면 좋습니다. 영업에 필요한 모든 요소를 다 미리 준비합니다. 납품 수량과 주기, 대금 결제 조건 등을 전부 따져서 미리 준비해 둡니다.

이렇게 먼저 성공했다고 가정하고 과정을 꿰맞추는 형식으로 일을 하게 되면 성공률이 높아집니다. 일의 목표와 수행 경로가 명확해지므로 중간에 옆길로 새는 일이 없어집니다.

이 방식은 내게 필요한 인력, 비용, 인프라를 상세하게 파악할 수 있게 합니다. 눈치 빠른 사람은 이것이 '기획을 철저히 하는 방식'이란 것을 알아차렸을 것입니다.

성공하는 과업은 성공의 경로가 정해져 있습니다. 이 성공의 경로를 마치 지도를 그리듯이 미리 그려 놓고 그 경로를 기준으로 목표를 향해 나아가면 목적지에 쉽게 도달합니다.

만약 지도도 없고 내비게이션도 없이 목적지를 찾아간다면 그것은 생각보다 어려운 과정입니다.

여행을 출발한 후에 지도를 그려가면서 목적지를 찾아가는 것도 힘든 여행 과정입니다. 출발 전에 먼저 지도부터 그리십시오.

첫째 성공을 전제로 하고 준비를 하십시오.
둘째 부족한 부분을 빈칸으로 두십시오.
셋째 빈칸을 다 채우면 성공합니다.

고자 합니다. 그것은 바로 사람들이 일을 보는 관점으로 '능동성과 수동성'입니다.

사람이 일을 보는 수동적 관점

첫째, 먼저 부정적인 것을 정리해 봅니다. 일에 대한 수동성입니다. 나는 사람의 수동성에 대해서는 어느 정도는 옳다고 생각합니다. 대부분 사람의 관점은 일은 시켜서 하는 것입니다.

이 논리와 연관해서는 노동생산성과 보·포상(reward) 정책이 떠오르게 됩니다. 상호 가치 교환의 논리입니다. 받는 만큼 일을 하고, 주는 만큼 일을 시키는 것이 가치 교환의 기본 철학입니다.

기업주는 고용인에게 과제, 과업, 업무라는 형태로 임무(mission)를 부여합니다. 그러면 고용인은 가치 교환의 논리에 따라 최소 노력을 통해 지극히 수동적으로 임무를 완수합니다.

고용주는 보·포상의 수준을 정해야 합니다. 그래서 고용주는 정량적인 평가 도구가 필요합니다. 예를 들어 노동시간 같은 것입니다. 고용인의 성과를 수치로 쉽게 평가할 수 있어야 합니다.

이런 관점에서 우리가 잘 아는 용어는 노동생산성이라는 단어입니다. 이는 근로자 1인이 일정 시간 동안 생산해 내는 생산량 또는 부가가치를 말합니다.

능동성의 결여는 반드시 부정적인 측면을 동반합니다. 노동생산성을 정량화하는 과정에서 업무 역량의 정성적인 부분이 쉽게 배제될 수 있습니다. 이는 수치화하기 어렵기 때문입니다.

　노동자가 제공하는 노동의 질이 문제가 됩니다. 쉽게 말해 숙련공과 비숙련공이 노동시간이 같다고 해서 동일 생산성을 내느냐의 문제입니다. 숙련의 정도를 수치화로 전환할 수는 없습니다.

　생산성의 질이 다른데도 불구하고 같은 급여를 받게 되는 오류에 빠질 위험성이 존재합니다. 더구나 '악화가 양화를 구축한다.'라는 말이 있습니다. 나쁜 쪽으로 흐름이 진행된다는 의미입니다.

　동일 시간 동일 급여는 숙련자의 고의적 태만을 가져오게 하는 원인이 될 수 있습니다. 노동자로서는 자기 계발 또는 교육 훈련에 소극적으로 참여할 가능성이 큽니다.

　이런 환경에서는 동기부여(motivation)와 같은 긍정적 피드백은 사실 무의미합니다. 열심히 하는 쪽이 바보가 되는 것입니다. 이는 육체노동의 분야만으로 좁게 가정하는 것이 좋다고 봅니다.

　노동생산성을 설비의 개선이나 생산 자동화로 대체가 가능한 업무 영역만 해당합니다. 특히 제4차 산업혁명이 임박한 지금은 수동적 의미의 인당 생산성이 별 의미를 갖지 않는 시대입니다.

　계량 가능한 노동력의 거의 전 분야는 생산 자동화와 로봇이 대체하게 될 것입니다. 기업주 측면에서 보면 인력보다 자동화 설비나 로봇이 노동생산성을 정량화하기 더 편할 것입니다.

　더구나 인공지능 로봇은 자가 학습을 통해 스스로 생산 능력을 더 높일 수도 있습니다. 따라서 결론은 간단합니다. 이런 직군은 인력을 줄이고 기계와 설비로 빠르게 대체해 가는 것이 좋습니다.

사람이 일을 보는 능동적 관점

둘째, 반대로 노동에 대한 능동적 태도입니다. 이는 대체로 '일의 주인이 나'라는 각성이 없으면 불가능해집니다. 인간은 기본적으로 성취욕이라는 것이 존재합니다.

성취욕은 어떤 목표를 자발적 노력을 통해 달성했을 때 느끼는 행복감입니다. 그에 따른 보상과 포상은 단지 추가로 얻어지는 보너스일뿐입니다.

매슬로의 욕구 단계에 의하면 현대로 다가올수록 가장 상위 레벨인 '자아실현의 욕구'가 더욱 커진다고 합니다. 목표 달성과 자아실현의 측면에서 보면 자발성이 창의력을 이끕니다.

이때는 동기부여(motivation)라는 아주 훌륭한 도구가 필요합니다. 동기부여는 두 가지 형태를 지닙니다. 하나는 내적인 동기부여이고 나머지 하나는 외적인 동기부여입니다.

적절한 보상과 포상은 외적인 동기부여의 수단입니다. 그러나 훨씬 강한 동기부여의 힘은 내적인 동기부여입니다. 스스로 업무의 주인이 되는 것입니다. 임무의 주체를 자신이라고 생각합니다.

나는 이것을 자발적 동기부여라고 부릅니다. 자발적 동기부여가 혁신에서 가장 강하게 개인 역량 향상을 가져옵니다. 그런데 이 자발적 동기부여를 한 번에 무참하게 깨버리는 것이 있습니다.

보통은 조직에서 사람의 관계는 고용주-고용자, 리더-구성원,

상사-부하직원의 1대1 관계입니다. 이 관계에서 업무 참여자의 자발성을 한 번에 해치는 중요한 핵심 요인은 바로 '불신'입니다.

신뢰감의 상실은 조직의 가장 큰 적입니다. 1대1 관계에서 상호 신뢰가 깨지면 아무리 오랫동안 구축해 왔던 자발적 참여의 긍정적인 문화라도 하루아침에 무참히 깨져 버립니다.

경영진은 어떤 상황에서도 조직원의 신뢰를 잃지 말아야 합니다. 특히 작은 것을 탐하는 경영진의 행위가 직원들의 자발적 참여를 이탈시키는 결과를 가져오는 경우는 너무나 많습니다.

경영진의 신뢰 상실은 직원들의 머리 위에서 큰 바윗덩이처럼 자신들의 미래를 짓누르는 부담입니다. 이는 다시 경영진의 머리 위에 올라가 회사의 경영성과를 악화시키는 바윗덩이가 됩니다.

경영 전략의 핵심 가치 중 하나는 경영진과 구성원 간의 기업가치 공유입니다. 조직의 가치와 구성원의 가치가 모두 한 방향으로 같아야 합니다. 이것을 정합적이라는 표현을 씁니다.

구성원은 조직의 성공으로 자아실현의 욕구를 실현할 수 있다고 믿습니다. 내적 동기부여가 강력하게 발휘됩니다. 이렇게 구성원의 잠재력이 극대화될 때 그 조직은 극적인 성장을 이룩합니다.

이제는 똑똑한 한 명이 만 명을 먹여 살리는 시대입니다. 창의력이 가장 큰 기업의 자산인 시대가 바로 지금입니다. 개인이 자신의 힘으로 성장하고 발전하지 않으면 그가 머무는 조직도 생존경쟁에서 도태되는 시대입니다. 조직 구성원 한명 한명이 꿈을 가지고 스스로 발전기가 되어야 기업 성장의 전등이 밝아집니다.

내가 존경하는 경영학의 대가 피터 드러커(Peter Drucker)는 이렇게 말했습니다.

'사람은 꿈의 크기만큼 자란다. 사람은 스스로 설정한 기준, 즉 자신이 성취하고 획득할 수 있다고 생각하는 바에 따라 성장한다. 자신이 되고자 하는 기준을 낮게 잡았다면 그는 그 이상 성장하지 못한다. 반면 자신이 되고자 하는 목표를 높게 잡았다면 그는 위대한 존재로 성장하게 된다.'

참으로 공감이 가는 말입니다. 조직 구성원이 조직 안에서 자신의 꿈을 크게 키울 때 내적 동기부여가 작동합니다. 따라서 조직과 구성원은 강력한 신뢰 관계를 구축해야 합니다.

이를 기반으로 구성원들이 각각의 꿈을 조직 내에서 이룰 수 있다고 믿게 만들어야 합니다. 그래야 모두가 행복한 성공을 이룩할 수 있습니다. 이것은 매우 강력한 혁신입니다.

황문선의 '억만장자로 이끄는 경영 혁신'
돈을 벌려면 허수를 주의하라

당신은 원가절감을 어떻게 하고 있습니까? 원가절감을 치밀한 전략을 세워서 하십니까? 지혜를 가지고 잘 보면 가짜 데이터가 눈에 보입니다. 이는 원가절감에서 반드시 주의할 점입니다.

중소기업은 제조원가에 대한 개념도 부족하고, 원가절감의 방법도 잘 모릅니다. 그래서 원가절감 하자고 열심히 '구호'는 외치는데 '실천전략'이 부족합니다.

요즘 같은 무한 경쟁 시대에 원가절감을 하지 않으면 시장 경쟁에서 무조건 밀립니다. 시장에 제품 가격이 거의 다 공개되는 마당에 원가가 높으면 수익성이 저절로 감소합니다. 그래서 영업을 잘하는 데도 회사의 재무 상태가 나빠질 수 있습니다.

작은 회사일수록 자재를 관리하는 인원이 적어 원재료 입고와 제품 출고 관리가 부실합니다. 회계 데이터는 점점 진짜 데이터(실수, 實數)와 가짜 데이터(허수, 虛數)가 섞여들어 갑니다.

이유는 분명합니다. 직원의 마인드 문제입니다. 마인드가 옛날의 소규모 매출하던 시대에 머물러 있습니다. 하지만 매출액이 50억, 100억을 넘어가면서 이를 감당하지 못하는 것입니다.

원재료 품목은 기하급수적으로 늘어납니다. 자재 창고에 5년 전에 구매한 원료가 구석에 처박혀 있습니다. 회계 장부에는 3년 전에 생산한 제품 재고가 아직도 잡혀 있습니다. 가짜 데이터입니다.

공장 구석구석에 불용 자재만 몇 억 원어치 정도는 되어 보입니다. 이것도 가짜 데이터입니다. 공장관리에 까다로운 경영자가 아니라면 이런 상황은 수많은 회사에서 일어나는 문제입니다.

보통 가정집 아파트도 몇 년 살면 소유물이 금방 만 개가 넘어 산다고 합니다. 그중의 절반 정도는 최근 3년 이내에 손길이 한 번도 닿지 않은 불용 제품이라고 합니다.

모든 회사는 원가절감을 혁신 과제로 추진하고자 합니다. 그러나 말로만 원가절감 하자고 떠들고 대부분 실행이 부족합니다. 원가절감은 반드시 구체적인 실행 계획을 세워야 합니다.

구매와 개발 부서의 원가절감

첫째, 구매부서와 개발 부서는 무조건 저가의 대체 원료를 찾는 노력을 해야 합니다. 그러나 두 부서 직원 모두 원가절감이 본연의 업무가 아니라고 생각합니다.

경영진이 엄격하게 지시하지 않으면 아무도 그 일을 하지 않습니다. 반드시 이들의 업무에 원가절감 과제를 반영해야 합니다. 인사고과에서 비중 높게 평가해야 이 과제를 실행합니다.

기술부서는 원가절감 개발을 꾸준히 수행해야 합니다. 당신의 경쟁사는 원가절감 면에서 항상 빠르다고 가정해야 합니다. 당신이 한눈팔 동안 경쟁사는 가격경쟁력에서 저 앞으로 도망갑니다.

이때 품질 영향 검토는 필수입니다. 시간이 걸려도 반드시 품질 영향 결과를 확인하고 원료 대체를 추진합니다. 싸다고 함부로 원료를 대체해서는 안 됩니다.

원가절감을 잘못해서 발생하는 품질 비용은 제조원가가 아니라 수익률에 직접 영향을 끼칩니다. 그러나 이는 회계 장부 곳곳에 숨어듭니다. 이 또한 원가절감의 가짜 데이터입니다.

또 구매부서는 원재료 가격 동향에 대해 항상 귀를 열고 있어야 합니다. 원재료 가격이 내려가는 시장 환경이라면 원료 재고를 최소로 관리하고 구매 일정을 충분하게 뒤로 늦추어야 합니다.

반대로 원재료 가격이 바닥 또는 상승으로 돌아섰다면 일부 사재기도 해야 합니다. 지속해서 가격이 오르는 시장 분위기라면 구매량을 점점 늘려 잡아야 합니다. 구매 시기를 놓쳐서 고점에서 대량 구매하는 행위, 소위 상투를 잡지 않도록 주의해야 합니다.

생산부서의 원가절감

둘째, 생산부서는 생산 손실이 최소화되도록 관리해야 합니다. 정량 투입, 정량 포장을 원칙으로 합니다. 원료 포장 단위에서 잔량이 남을 경우는 반드시 다음 생산에 먼저 사용해야 합니다.

잔량 식별 표시를 해서 눈에 잘 보이는 위치에 관리해야 합니다. 잔량이 구석에 박혀 장기간 지나서 식별 표시가 희미해지면 쓸 수 없습니다. 사용하지 못하고 장기 재고로 남게 됩니다.

관리자가 잠시라도 신경을 쓰지 않으면 이런 일은 비일비재하게 일어나는 일입니다. 이런 반복되면 비용이 의외로 크게 작용합니다. 제조원가를 조금씩 올리는 가짜 데이디입니다.

생산부서의 또 다른 문제는 공장 구석에 수년 동안 보관해 둔 각종 원료, 공구, 수송 기자재, 소모품 등의 불용 재고입니다.

당신에게 이런 상황이 발생하지 않으려면 어떻게 해야 할까요? 나는 제안을 하나 합니다. 반드시 성공하는 혁신 실천 과제입니다. 당신의 출퇴근 동선을 불용 재고가 있는 그쪽으로 잡으면 됩니다.

실제로 내가 근무했던 회사 대표에게 이런 비슷한 제안을 했던 적도 있습니다. "대표님! 책상을 생산 사무실로 옮기시지요?"라고 말입니다.

이런 장기 재고와 불용 자재는 회계 장부에서 이미 생산 손실로 떨어버린 것일 수도 있습니다. 반대로 재고나 자재로 잡혀 있는 예도 있습니다.

그걸 살려내면 바로 수익금으로 들어오고, 버리면 손실금으로 떨어집니다. 대부분 중소기업, 특히 ERP가 구축되지 않은 회사는 이들이 장부에 들어 있을 가능성이 큽니다.

생산의 가짜 데이터 사례

당신의 회계 장부에 생산 데이터는 실수입니까 허수입니까? 이와 관련하여 내가 경험했던 사례를 소개합니다. 거래처 한 회사는 ERP를 도입하려 합니다.

매출액이 300억이 넘어서자 원부자재 구매 품목도 다양해지고, 제품 재고관리도 쉽지 않아졌습니다. 전에 엑셀로 관리하던 것을 ERP를 도입하여 체계화하려는 것입니다.

그런데 생산부서에서 ERP 입·출력 오류가 지속해서 발생하였습니다. 이 문제로 생산, 물류, 회계 부서 간에 데이터가 충돌하여 ERP 시스템의 정착 기간이 점점 늦어지고 있었습니다.

이때 기획 이사가 실태를 파악해 보았습니다. 기획 이사는 전에 다른 회사에 있을 때, 유사한 업종의 ERP 구축에 실무자로 참여한 경험이 있었습니다.

기획 이사가 각종 데이터를 확인한 결과 생산의 입력 데이터에서 문제를 발견하였습니다. 실제 재고와 맞지 않는 가짜 데이터 즉, 허수가 입력된 것입니다.

이 회사의 제품 생산과정은 계량(weighing)과 혼합(blending)입니다. 혼합기(blender)에는 무게를 측정하는 저울(load cell)이 달려있습니다. 원래 저울은 항상 허용오차가 있습니다. 그래서 계량할 때마다 오차가 발생합니다.

가령 한 달에 원료 100 Ton을 사용한다면 200kg의 포장으로 500드럼이 딱 맞아떨어집니다. 그런데 실제는 오차가 발생합니다. 어떤 때는 반 드럼이 남고, 어떤 때는 반 드럼이 모자라게 됩니다.

생산된 제품도 계획 수량보다 반 드럼이 남거나 모자랍니다. 저울 오차 때문입니다. 이런 이유로 ERP에 반드시 저울 숫자가 아니라 사용한 포장 단위 수로 데이터 입력을 해주어야 합니다.

반 드럼이 더 들어갔다면 원료 소요량을 500드럼과 반 드럼의 무게를 합산해서 100.1 Ton 사용한 것으로 입력해야 합니다.

이렇게 하지 않으면 재고관리 부서에서 파악하는 원료사용량, 제품 생산량, 기말 잔여 재고 수치가 다 틀어집니다. 회계 팀에서 산출하는 제조원가도 매번 생산할 때마다 달라집니다. 허수가 ERP에 들어가면 바로 제조원가가 허수가 되어버립니다.

이렇게 가짜 데이터를 관리하지 않으면 기업 통장의 잔액은 점점 줄어듭니다. 제조원가에 영향을 주는 데이터를 반드시 허수에서 실수로 바꿔주어야 합니다.

이 사례를 통해 우리는 깨달아야 합니다. 회사에서 발생하는 수치는 생각보다 허수가 많습니다. 허수 상태로 그대로 두고 원가절감을 하면 목표도 결과도 모두 허수가 되어버립니다.

발생하는 원가가 올바른 수치여야 원가절감의 목표도 바르게 설정이 되고, 실행 계획도 나오고, 사후 성과도 명확히 평가됩니다. 따라서 관련 부서에서는 늘 데이터에 주의해야 합니다.

또 하나 주의할 점은 생산팀은 생산만 하는 부서가 아닙니다. 생산팀도 돈을 벌어주는 부서입니다. 그러나 실수와 허수가 정확히 정의될 때 생산팀도 수익에 참여하는 생산적인 부서가 됩니다.

허수가 회사의 장부에 파고들지 않도록 주의하십시오. 적어도 혜안이 있는 대표라면 생산팀 주간보고 자료에 허수가 아닌 실수로 제조원가와 원가절감 추진 사항을 꼭 보고하게 하십시오.

황문선의 '억만장자로 이끄는 경영 혁신'
돈 먹는 품질 불량을 막아라

　당신은 품질 비용 관리를 얼마나 중요하게 여기고 있습니까? 품질 비용을 낮추기 위해 적절한 조치를 하고 있습니까? 나는 품질 관리에는 항상 특별한 정신 무장이 필요하다고 생각합니다.

　나는 기술 이사로 근무할 때 품질 관리 방안에 대해 직원 교육을 자주 시행하였습니다. 그때마다 생산, 기술, 영업, 관리 어느 부서든 '품질 관리 업무가 최우선 순위다'라고 강조하였습니다.

　품질 관리는 생산과 품질 부서뿐만 아니라 전 직원이 참여하는 마인드가 필요합니다. 기업에서 품질은 고객과 만나는 정점입니다. 고객이 우리에게 가치를 지급하게 하는 핵심 수단입니다.

　고객은 품질로 당신의 회사와 만납니다. 그래서 품질 관리는 기본 중의 기본입니다. 영업 사원이 아무리 고객과 좋은 관계를 만들어도 품질 불량 한 번이면 모든 것을 잃게 됩니다.

모든 품질 요소를 관리하라

품질에는 당연히 제품 성능이 전부가 아닙니다. 제품 포장 상태, 로트 표기, 라벨 부착, 출하 명세서, 제품 설명서, 제품 검사 성적서(COA), 물질안전보건자료(MSDS) 등이 모두 품질 요소입니다.

고객에 전달되는 모든 것에 품질 요소가 포함됩니다. 이런 업무를 처리할 때는 엄중한 책임 의식이 필요합니다. 특히 소홀히 하기 쉬운 제품 식별 표시와 고객 제출 서류는 집중관리 해야 합니다.

이들은 품질 불량이나 사고가 발생할 때 법적 자료로 활용됩니다. 거의 모든 중소기업이 이런 일을 귀찮은 일로 여기고 말단 직원에게 떠맡기고 대충 알아서 처리하게 합니다.

자료에 오·탈자와 잘못된 정보가 있는데도 그냥 내보냅니다. 그러나 반드시 오류를 수정해서 내보내야 합니다. 특히 서류에 변경이 가해지면 반드시 관리자가 결재하도록 제도화해야 합니다.

예를 들어 제품 검사 성적서는 출하할 때마다 발급하는 서류입니다. 자동발급 시스템이 구축되지 않았다면 여기에는 생각보다 훨씬 오·탈자 또는 수치 불일치 등이 발생합니다.

하지만 고객의 공장에서 문제가 생기면 맨 먼저 보는 서류가 이 서류입니다. 이 서류의 기재 사항이 잘못되면 고객이 당신의 품질 관리 수준에 대해 깊이 의심하게 됩니다. 따라서 출하할 때마다 관리자가 제품 검사 성적서를 매번 점검하고 결재해야 합니다.

1 : 10 : 100의 법칙

품질 관리 비용에서 내가 아는 하나의 관리 기법은 페덱스의 사례입니다. 페덱스는 품질 관리를 '1 : 10 : 100의 법칙'으로 관리합니다. 품질 불량을 회사 내에서 고치면 1의 비용이 듭니다.

만약 책임 소재나 문책 등 여러 가지 이유로 이런 문제를 숨기고 불량품이 그대로 회사 밖으로 나가게 되는 경우가 있습니다. 이렇게 되면 이를 고치는데 10의 비용이 듭니다.

그리고 품질검사 과정에서 걸러지지 않고 불량 제품이 출고되는 때도 있습니다. 이렇게 최종 소비자의 손에 들어가 소비자에서 문제가 생기면 이를 바로잡는데 100의 비용이 소요됩니다.

내가 근무했던 화학 업종은 품질 비용이 이런 1 : 10 : 100 비율보다 더 증폭되는 예도 있습니다. 예를 들어 냉장고를 생산할 때 냉장고의 벽 안쪽에 심재로 들어가는 단열재가 있습니다.

이 단열재의 원료는 폴리우레탄 수지라고 하는 데 냉장고 판매 가격의 10%도 안 되는 금액이 원료로 사용됩니다. 하지만 만약 이것이 불량이 발생하면 냉장고를 통째로 폐기해야 합니다.

이렇게 기업의 작은 품질 문제를 간과하면 나중에 큰 위기에 빠질 수도 있습니다.

품질 비용(Q-cost)이란?

일반적으로 기업이 제품이나 서비스의 품질을 유지하고 이를 관리하는데 드는 비용을 품질 비용이라고 합니다. 품질 비용에는 회계상 여러 가지 항목이 포함됩니다.

품질 비용도 기업에서는 항상 투여 자본 대비 최대 성과를 목표로 추구해야 합니다. 그래서 완벽한 품질 관리를 위해 제한 없이 돈을 쏟아 붓는 것이 옳은 선택은 아닙니다.

Q-cost는 좋은 품질의 제품을 더욱더 경제적으로 만드는 방법을 고민합니다. 품질 관리 활동의 개별 효과를 파악함과 동시에 이 것을 체계적으로 분석하는 것입니다.

보통의 중소기업에서는 이를 체계화해서 관리하지는 않습니다. 그러나 이런 개념을 조금씩 가지고 개발 부서나 생산부서, 품질 관리 부서가 접근하는 것이 현업에서 매우 중요합니다.

Q-cost와 관련하여 특히 주의를 기울여야 하는 부분은 원가절 감입니다. 품질과 원가는 대부분 반대 방향에 있습니다. 대체로 원가절감의 수단 중 하나가 저가의 대체 원료 검토입니다.

다른 원가절감 방법으로 생산 프로세스를 변경하는 것도 있습니다. 그러나 이 두 가지 모두 충분한 품질 영향을 줍니다. 충분한 검토 없이 수행하게 되면 큰 품질 불량문제를 초래합니다.

특히 화학제품의 경우는 미세한 변화가 최종 제품에 크게 영향을 끼칩니다. 앞에서 냉장고 단열재 사례를 언급하였으니 이에 덧붙여 품질 불량 사례를 소개하고자 합니다.

품질 비용의 사례

내가 아는 한 업체는 냉장고 단열재의 원료인 폴리우레탄 수지를 제조하는 회사입니다. 냉장고 단열재 원료는 여러 가지 성분이 혼합된 형태로 구성되어 있습니다.

이 업체는 이들 성분 중 하나가 너무 고가여서 대체품을 적용하려고 기술개발을 시작하였습니다. 수개월에 걸친 개발 끝에 약 5% 정도 원가 절감을 할 수 있는 대체 원료를 발견하였습니다.

그러나 양산 과정에서 해당 대체품은 개발 당시보다 품질이 나쁜 제품이 입고되었습니다. 원료 입고 검사에서도, 제품 출고 품질 검사에서도 이 문제가 걸러지지 않았습니다.

소위 '경시 변화'라는 현상이 일어난 것입니다. 이는 시간이 지나면 원료가 천천히 변질을 일으키는 것입니다. 원래 자연계에 존재하는 모든 것들은 시간이 지나면 변질이 됩니다. 그래서 식품 같은 것은 유통기한을 정해 판매 가능한 일정을 관리합니다.

출고할 때 아무 문제가 없으니 이 업체는 방심하고 있었습니다. 그러나 2주 차부터 제조한 냉장고에서 서서히 불량이 나타나기 시작했습니다. 냉장고 벽 안쪽에서 미세하게 함몰 변형이 일어났습니다. 불량으로 판매할 수 없는 것입니다.

다행히 생산한 냉장고 대수가 많지는 않았습니다. 게다가 냉장고 출고 전 검사에서 불량이 모두 발견이 되었습니다. 이 업체는 불량의 책임으로 냉장고 회사에 큰 금액을 배상해 주었습니다.

단열재 원료와 냉장고 부품 비용뿐만 아니라 생산 손실비용과 인건비 손실까지 보상을 해주어야만 했습니다. 그리고 이 업체의 손실은 추가로 더 있습니다.

사용하다 남은 원료는 불량으로 폐기해야 했습니다. 원가절감을 위해 몇 달씩 투자한 개발 부서의 개발 비용과 인건비가 기회손실비용으로 날아갔습니다.

더구나 품질 관리에 허점이 생겨 기업 이미지도 크게 훼손되었습니다. 이런 비용들은 모두 Q-cost에 포함됩니다. 원료에서 몇 푼 아끼려다가 몇 천만 원에 해당하는 Q-cost가 발생한 것입니다.

이 업체가 매출 규모가 제법 되는 회사라도 이 정도의 품질 비용을 지출하면 재무에 상당한 타격이 있습니다. 아무리 적게 잡아도 전체 품질 비용은 연구원 2~3명의 연봉 정도는 됩니다.

이처럼 품질 문제는 기업의 생존을 위협하는 요소입니다. 냉장고 품질 불량 사례는 개발 부서의 실험 오류라는 특이한 불량입니다. 그러나 생산에서 사람의 실수에 의한 불량은 이보다 훨씬 빈번하게 발생합니다. 작업자 실수는 때로는 어떤 작업 구간에서 동일 유형으로 반복적으로 발생하는 경우가 많습니다.

내가 중소기업들을 접하면서 느낀 점이 있습니다. 품질 관리 핵심은 회사의 대표 또는 생산 부서장입니다. 이들이 품질을 얼마나 중히 여기는지의 마인드가 품질에 가장 큰 영향을 줍니다.

특히 생산 팀장은 지속해서 품질 비용에 대해 신경을 써야 하는 자리입니다. 이들의 마인드가 만약 '대충' 또는 '빨리빨리'인 경우에는 무조건 잦은 품질 사고가 발생합니다.

품질 사고는 때때로 기업의 생존을 위협할 만큼 그 비용이 많이 듭니다. 더구나 품질 비용은 회계에서 여러 항목으로 분산되어 잡히므로 일목요연하게 한눈에 보기는 힘듭니다.

품질 비용은 숨겨지는 비용입니다. 이 비용은 제조원가가 아니고 수익률에 직접 영향을 주는 비용입니다. 장부에 나타나지 않는다고 무시하지만 품질 불량은 회사의 생존을 상하게 위협합니다.

품질 비용은 유형과 무형의 손실 두 가지로 나타납니다. 유형은 직접적인 비용의 지출이고, 무형은 간접비용과 기업 이미지 훼손입니다. 기업경영에서는 이 둘 다 매우 중요한 관리 항목입니다.

특히 무형의 손실은 눈에 띄지 않지만, 생각보다 훨씬 더 수익성을 갉아 먹습니다. 당신도 품질 비용을 철저히 관리하십시오. 유형과 무형의 손실 둘 다 철저히 관리하십시오.

황문선의 '억만장자로 이끄는 경영 혁신'
불용 재고는 깔고 앉은 돈이다

　당신은 공장을 얼마 만에 한 번씩 돌아보십니까? 분기에 한번, 아니면 한 달에 한 번 돌아보십니까? 공장을 돌아보시면서 어떤 것을 주로 보십니까? 공장의 청결 상태를 충분히 보십니까?

　만약 자주 돌아보는데도 공장이 깨끗해지지 않는다면 혹시 불용 자재와 불용 재고의 문제를 고민하시기 바랍니다. 공장 구석구석에 알 수 없는 물건들이 보일 것입니다.

　수년 동안 먼지가 쌓인 거적에 덮여 있는 물건이 있을 것입니다. 혹시 그 물건이 지난 몇 년 동안 놓여 있었는데 여전히 그 자리를 차지하고 있다면 공장이 깨끗해질 수가 없습니다.

　그 자재가 향후 몇 년 내에 다시 사용될 것 같지 않다면 불용 자재와 불용 재고입니다. 그 물건을 그대로 공장에 내버려 둘 이유는 전혀 없습니다.

나는 적어도 분기 단위로 자산 실사와 재고 조사를 해야 한다고 생각합니다. 이를 통해 불용 자재와 불용 재고를 파악하고, 평가 금액을 산정할 것입니다. 그리고 장부 가액을 파악하고 그 물건을 어떻게 처분할 것인지를 고민할 것입니다.

생산부서와 자재관리 부서가 책임 있는 마음으로 회사를 잘 운영해 왔다면 공장 구석구석에 쌓여 있는 불용 자재와 불용 재고는 눈에 띄지 않아야 맞습니다. 당신도 마찬가지입니다.

당신이 정신을 바짝 차리고 경영을 제대로 했다면 1년 이상 방치된 불용 자재와 불용 재고가 없어야 맞습니다. 이들은 회사의 돈입니다. 통장에 잔액으로 있어야 할 돈이 공장 구석에 있습니다.

불용 자재와 불용 재고는 발생의 원인부터 보관까지 모두 중요한 경영의 문제입니다. 당신의 재무상 태가 좋지 않다면 혹시 이것들이 돈을 꽉 움켜쥐고 있지 않은지 생각하시기 바랍니다.

일반적으로 불용 자재와 불용 재고는 회사의 상황에 따라 정의가 다릅니다. 불용 자재는 필요 때문에 구매는 하였으나 사용 가능성이 없는 기자재입니다.

고장이 나서 방치된 채 공장을 차지하고 있는 기계장치 등도 포함됩니다. 불용 재고는 재무제표 상으로는 재고 자산이나 향후 사용될 가능성이 희박한 재고입니다. 이미 장부에 잡혀 있지 않은 재고도 있습니다. 장기 재고도 여기에 포함될 수 있습니다.

이들은 설계 변경, 제품 생산 중단, 법에 따른 사용 규제, 고객 불량에 의한 반품, 선입 선출 오류 등으로 인해 발생합니다. 이들은 업체 내·외부에 아무런 도움이 안 되면서도 재고 유지비용만 발생시키는 악성 재고입니다.

불용 재고를 판단하는 기준은 일정하지 않으나 대개 '과거 1년 이상 사용된 적이 없는 품목'과 같은 기간의 기준을 사용합니다. 장기간 방치된 장기 재고가 불용 재고로 될 가능성이 농후합니다.

불용 재고 처리 사례

한 회사는 경영 컨설팅을 받고 이 불용 자재와 불용 재고 처리에 관심을 가지기 시작했습니다. 사업장 전체의 불용 자재와 불용 재고를 끌어내서 공장 한 동에 쌓기 시작했습니다.

고철부터 시작해 화학 원료, 생산해 놓은 제품 불량품까지 품목도 다양합니다. 지게차 운전사가 꼬박 한 달여 기간을 걸쳐서 공장 구석구석을 찾아다녔습니다.

물건들을 전시하는데 그 규모가 실로 어마어마했습니다. 10년 만에 정리해서 그런지 심지어는 공장 옆에 있는 밭에서도 물건이 나왔습니다. 엉킨 고구마 줄기 속에 깊이 파묻혀 있었습니다.

모인 재고의 추정 액수는 약 8억여 원에 달했고 장부 가액만도 5억에 육박하는 금액이었습니다. 어느 정도는 예상은 하였지만, 막상 끄집어 내놓고 보니 예상을 훨씬 웃도는 수준이었습니다.

대표의 직접적인 관심 아래 이 회사는 많은 직원이 동원되어 불용 자재와 불용 재고 처리에 나섰고, 그리고 약 1년의 노력으로 이런 물건을 거의 다 처리했습니다.

재활용 불가능한 기자재는 고철로 업체에 넘겼고, 제법 쓸 만한 장비 등은 중고로 판매했습니다. 화학 원재료들은 재판매하거나 생산 공정에 B급 제품 원료로 소진하였습니다.

당시 본 업무에 직접 개입된 인원이 무려 3~4명 정도였는데, 대표는 "이것만 처리해도 너희들 연봉이 나온다."라고 독려하였습니다. 대표의 판단은 매우 합리적입니다.

당시 화학제품을 폐기물로 처리하려고 하면 환경 업체에 톤당 60만 원을 지급하고 보내야 하는데, B급 원료로 재처리하게 되면 톤당 200만 원 정도 매출로 잡을 수 있있습니나.

불용 재고의 세 가지 문제

첫째, 공장의 청결 문제입니다. 불용 자재와 불용 재고가 공장 구석구석에 박혀 있으면 공장을 아무리 잘 청소해도 지저분합니다. 그 물건이 중심이 되어 점차 그 주변으로 지저분해집니다.

이른바 '깨진 유리창의 법칙'이 여기서 작동합니다. 이 이론은 건물 구석의 유리창 하나가 깨어진 채로 방치되어 있다면 다른 유리창들도 곧 깨어질 것이라는 이론입니다. 이런 경향은 동네가 잘 살건 못 살건 마찬가지입니다.

한 장의 방치된 깨진 유리창은 누구도 치안에 대해 신경 쓰지 않는다는 신호입니다. 따라서 유리창을 더 깨는 것에 대해 아무런 부담이 없습니다. 깨진 유리창 한 장은 기폭제입니다.

공장 바닥에 아무것도 없으면 누구도 물건을 두지 않습니다. 뭔가 하나가 놓이는 순간부터 바로 그 주변에는 또 다른 뭔가가 놓이기 시작합니다. 그것들이 하나하나 공간을 잡아먹게 됩니다. 그리고 그 옆에 쓰레기를 버리기 시작합니다.

둘째, 재무의 문제입니다. 불용 자재와 불용 재고는 자산인 것 같지만 자산이 아닙니다. 말 그대로 쓰레기입니다. 가짜 자산입니다. 그것이 장부 안에 있든 밖에 있든 항상 돈입니다.

그러나 그 돈을 깔고 앉아 있는 쓰레기입니다. 위기 상황에서는 감당하기 힘든 쓰레기이고, 잘 처리하면 돈으로 회수됩니다. 즉 이것들에 관해 관심을 많이 기울이면 자연스레 돈이 됩니다.

그러나 관심이 없어지면 돈 주고 버려야 되는 쓰레기가 됩니다. 심지어는 비싼 공장 공간을 차지하고 있는 악성 쓰레기입니다. 이들에게 좀 더 관심을 많이 가지시기 바랍니다.

셋째, 직원들의 마음가짐입니다. 불용 자재와 불용 재고는 단 한 톨이라도 존재한다면 누군가의 책임 소재를 따져야 하는 문제입니다. 회사의 귀중한 자산을 쓰레기로 만드는 경영상의 중대한 잘못을 범했기 때문입니다.

사용하지 못할 기기를 충분한 검토 없이 구매했어도 문제입니다. 고객에 출하되어 품질 불량의 문제로 반품된 경우에는 더 치명적인 문제입니다. 반드시 원인 제공자가 책임을 지고 처리하게 만드는 것이 가장 합당하게 책임을 묻는 방식입니다.

불용 자재와 불용 재고는 최대한 공장에 없어야 좋은 회사입니다. 만약 대표인 당신이 그 재고들을 만들고 있었다면 당신도 책임을 져야 합니다. 그래야 직원들이 경각심을 가집니다.

황문선의 '억만장자로 이끄는 경영 혁신'
실시간 현금 흐름을 관리하라

당신은 현금 흐름(cash flow)을 일정 주기로 관리하십니까? 나의 기준으로는 최소 주간 단위의 현금 흐름 관리가 필요합니다. 유동성 위기를 막으려면 필수 요구사항입니다.

실시간 현금 흐름 관리가 되지 않으면 여러 가지 문제가 발생합니다. 규모가 작을 때면 사업비 통장만 잘 관리하면 별문제가 없을 수도 있으나 규모가 조금만 커져도 조심해야 합니다.

송 이사가 중소기업에 근무할 때는 자주 영업 직원들과 동행하여 출장을 다녔습니다. 매번 출장마다 영업 직원에게 관리 이사가 전화합니다. 결제 대금 수금과 관련해 전화해 오는 것입니다.

이유는 거래 업체가 지정된 날짜에 대금 결제가 가능한지를 확인하는 전화였습니다. 전화기 너머로 들리는 목소리는 당장이라도 회사가 부도가 날 것 같은 목소리입니다.

어쩌다가 한 번 있는 일이 아니고 매월 마감이 다가오면 영업부 직원 전화기에 불이 납니다. 관리 이사는 매일 결제 대금이 들어오나 안 들어오나 묻고 따지는 것이었습니다.

영업 담당자들은 고객에게 전화하여 제날짜에 입금할 수 있는지를 묻습니다. 그리고 결과를 관리 이사에게 답해 줍니다. 또 마감이 지나서도 입금이 안 되면 더 자주 전화가 옵니다.

영업 직원들은 고객에게 전화하여 조심조심 대금 결제 일정을 확답 받곤 합니다. 전화기 너머 짜증이 섞인 목소리로 "고작 며칠을 못 참아서 그렇게 독촉하느냐?"는 말이 들립니다

심지어는 "이런 식으로 계속하면 짜증이 나서 거래 못 해요."라며 따지듯이 말합니다. 당시 영업 직원들은 절절매면서 대응했습니다. 다음은 영업 이 부장과 송 이사의 대화 내용입니다.

송 이사(기획) : 이 부장! 매달 이런 상황 반복되나요?

이 부장(영업) : 매달이 아니라 거의 매일 한두 개 업체에 대해 이런 상황이 반복됩니다. 회사의 자금 사정이 좋지 않다 보니 항상 관리 이사가 채근하고 있어요, 늘 살얼음판이네요.

송 이사(기획) : 아니 올해 초에 관리 이사가 이제는 예전보다 재무 상황이 많이 좋아졌다고 하던데요? 회사가 재무적으로 불안정하다는 말은 잘못된 거 아닌가요?

이 부장(영업) : 그럴 리가 없어요. 최근에 거래량이 큰 신규 업체가 늘어나서 상당히 현금 흐름이 나빠졌어요. 주로 이들 큰 업체는 제가 담당하는데요. 이 업체들 입금이 늦어지면 회사가 발칵 뒤집힙니다. 벌써 한두 번이 아닌걸요.

송 이사(기획) : 아니, 하루 이틀 사업을 하는 것도 아니고, 이 업계 대금 결제가 2~3주 정도는 왔다 갔다 하잖아요? 한 달 정도 버틸 만큼 유동성 확보가 되어있어야 하는 것이 아닌가요? 늘 이러면 영업 직원들 스트레스가 장난 아니겠어요?

이 부장(영업) : 맞아요. 더구나 최근에 이런 빈도가 급격히 증가했어요. 건설 경기가 나빠지면서 전반적으로 대금 결제가 보름에서 한 달 정도는 늦어진 것 같아요.

매일 관리 이사 독촉에 우리 영업은 머리가 지끈거려요. 너무 과하다고 생각도 해요. 급여 안 올려 주려고 쇼하나 싶기도 하고.

송 이사(기획) : 에이, 설마 그렇겠어요? 원래 결제문제로 몇 번의 큰 위기 상황을 겪으셨으니 조마조마하시겠죠.

아니, 그런데 지금 매출 확대를 강하게 추진하고 있잖아요. 이게 그럼 문제 되지 않나요? 매출 늘리면 운영 자금이 더 필요할 텐데요.

이 부장(영업) : 그러게요. 대표님께 수차례 말씀드렸는데 미동도 하지 않습니다. 아마 작년에 매출액이 늘어나니 수익성이 확 좋아져서 대표님이 생각이 매출 증대에 꽂히신 것 같아요.

허 참, 이번 달에는 신규 업체가 하나 더 늘어나는데, 대형 업체라서 깔리는 돈만 10억이 넘을 거예요. 참 걱정이네요.

송 이사(기획) : 이렇게 현금 흐름 관리가 안 되면 큰일인데요. 이렇게 운영 자금이 부족하면 매출 확대 정책을 포기하는 것이 맞는 것 같은데요.

그런데 우리 회사는 현금 흐름 관리가 실시간으로 됩니까? 지난번에 보니까 엑셀 시트로 회계 관리를 하던데요? 맞지요?

이 부장(영업) : 현금 흐름이요? 그런 것 관리하려면 ERP 같은 거 도입해야 하는데요. 관리 이사가 그냥 통장만 관리할 거예요. 그 엑셀 시트는 월 마감 사후에 정리한 데이터입니다.

송 이사(기획) : 아, 그래요? 그럼 대표님께 ERP를 도입하고 빨리 현금 흐름부터 실시간으로 관리하자고 건의해야 하겠네요.

이 상황에서 우리는 두 가지 문제점을 고려해야 합니다.

첫째, 위기관리(risk management)의 문제입니다. 실제로 현금 흐름이 문제가 발생하면 부도의 위험이 커지는 것입니다.

영업부서 직원이 채권 관리를 아무리 잘한다고 해도 급변하는 환경을 다 반영할 수는 없습니다. 매번 대금 결제 일자를 점검할 상황이라면 이는 운영 자금이 목에 찬 것임이 틀림없습니다.

　상황이 어떻게 변할지 아무도 알 수 없습니다. 갑자기 외부 충격이 올 수도 있습니다. 매출을 확장한다 해도 그것을 감당할 정도만 하는 것이 좋습니다. 내실을 먼저 다져야 합니다.

　둘째, 고객과의 소통 문제입니다. 전체 업계가 결재가 나빠지고 있다면 고객은 당연히 공급자에게 결제를 일부 양보하기를 원합니다. 며칠이라도 좀 늦춰 달라고 요구합니다.

　공급자가 자신의 자금 사정이 빡빡하다고 결제 일정을 고수하면 고객 불만이 쌓입니다. 결국은 나중에 신뢰의 문제가 발생합니다. 이는 고통 분담 측면에서도 고려해야 하는 문제입니다.

　특히 영업 직원을 통해서 매번 결제를 채근하는 것은 매우 나쁜 상황입니다. 담당자 상호 간에 신뢰가 점점 무너집니다. 처음에는 고객 담당자도 날짜를 못 맞추면 미안해합니다.

　그러나 재촉하는 상황이 여러 번 누적되면 "이 정도도 이해 못 해주나?" 하는 생각이 듭니다. 서운해 하는 것입니다. 고객과 소통에서 가장 중대한 신뢰 관계에 틈이 생기는 것입니다.

　이 두 가지 문제점을 극복하려면 반드시 현금 흐름을 실시간으로 관리해야 합니다. 매출액을 확대하다 보면 운영 자금이 충분하지 않을 수 있습니다. 그리고 수익성이 크게 저하되지 않는 한은 어떻게든 매출액은 늘리는 것이 맞습니다.

남들은 늘리고 싶어도 못 늘리는 데 역량이 된다면 최대한 매출을 늘리는 것이 맞는 경영 전략입니다. 그러나 문제는 유동성 위기입니다. 자칫 잘못하다가는 큰 위기에 빠질 수도 있습니다.

실시간으로 현금 흐름을 관리하는 것이 필요합니다. 가능한 한 현금 흐름은 주간 단위까지 관리해야 합니다. 영업이 결제 대금 문제로 고객과 싸우게 하지 마시고 현금 흐름부터 관리하십시오.

황문선의 '억만장자로 이끄는 경영 혁신'
중요도 순으로 업체를 분석하라

　당신의 회사는 어떤 고객이 중점관리 대상 고객입니까? 혹시 매출액도 적고 수익도 크지 않은 업체를 중점관리 대상 고객으로 관리하고 있지 않으십니까?

　혹시 그 업체가 이것저것 요구사항이 많아 어쩔 수 없이 여러 인력이 매달려 있는 상황은 아닌가요? 회사의 그 업체 담당자의 스트레스는 심하지 않은가요?

　물론 대기업에서도 이런 문제가 없지는 않으나 중소기업에서 이 문제는 심각한 수준입니다. 대기업 근무를 하다가 중소기업의 기술 이사로 일해 보니 이런 생소한 문제가 파악되었습니다.

　나의 직책은 기술 이사지만 여러 업무를 다하는 자리라서 고객

관리에도 일부 관여했습니다. 일단 매출액 대비 거래 업체 수가 많지도 않아서 업체 관리가 비교적 쉬울 것으로 판단했습니다.

그러다가 몇 개월이 지나지 않아 이상한 점을 발견했습니다. 주간 회의시간마다 한두 업체가 반복적으로 언급되었습니다. 그 업체는 요청 사항이 이것저것 많았습니다.

기술 서비스를 위해 담당자 출장을 요구도 많았습니다. 영업이 출장을 다녀와 보고하는 접대비 비용도 많았습니다. 이런 출장과 요구사항으로 인해 직원들이 스트레스를 많이 받았습니다.

그래서 나는 이 업체를 주요 거래처로 판단하고 출장 일정을 먼저 배분해 주었습니다. 그런데 나중에 영업 담당자에게 확인해보니 그 업체로 출하되는 물량이 의외로 적었습니다.

당장 영업부서 직원들을 놓고 거래 업체별 'ABC 분석'을 하는지 물었습니다. 직원들의 답은 "ABC 분석이 뭔지도 모른다."라는 것이었습니다.

ABC 분석의 활용

ABC 분석이란 거래 업체별 품목별 판매량, 매출액, 수익률을 집계하여 공헌도가 높은 품목부터 A, B, C 세 개의 그룹으로 분류하여 관리하는 것입니다.

제너럴 일렉트릭사의 데키(M.F. Deckie)에 의해 제창된 것으로 일명 파레토(Pareto) 분석법 또는 통계적 선택법이라고도 합니다. 한마디로 '대세는 소수에 의해서 결정된다는 것'입니다.

이와 비슷하게 우리가 쉽게 접하는 이론으로는 '80대 20 법칙'이 있습니다. 매출액의 80%가 거래 업체 수의 20%에서 발생한다는 이론입니다.

거래 업체가 100개라면 이 중 20개 업체의 매출 비중이 80%를 차지한다는 이론입니다. 반대로도 이 원칙이 성립합니다. 나머지 80개 업체가 업체 수는 많지만, 사실은 매출액을 다 더해 봐야 20%밖에 안 된다는 것입니다.

이는 선택과 집중의 문제로 '주요 업체를 선정하여 중점 관리해 나가는 것이 업무 효율 측면에서 유리하다'라는 전략입니다.

ABC 분석은 매출액과 수익률, 채권 회수 기간을 중점적으로 분석하여 공헌도를 평가합니다. 그리고 그에 추가하여 시장과 기술 측면에서 확장성과 상징성이 있는 업체는 별도로 분류합니다.

보통 중소기업은 종류가 많은 업무를 적은 인원으로 처리하는 특성이 있습니다. 대기업은 체계화된 조직이 있어서 업무 효율이 매우 높으므로 인당 생산성이 높은 것이 당연합니다.

반대로 중소기업은 업무 체계와 시스템이 잘 갖춰지지 않습니다. 그래서 인력 효율이 낮으므로 최대한 선택과 집중을 해야 합니다. 버릴 것은 과감히 버리는 것이 유리합니다.

ABC 분석결과 대응 전략

나의 조언을 받아 영업에서 ABC 분석을 한 결과 해당 업체는 예상대로 매출액도 하위권이고, 수익률도 하위권이고, 시장과 기술 확장 측면에서도 특별한 이점이 없는 거래처였습니다.

심지어는 이 업체는 결제 만기도 잘 지키지 못하였습니다. 그리고 이 업체를 포함하여 이와 유사한 업체가 적어도 3개 이상은 도출되었습니다. 모두 버려야 할 거래 대상 업체입니다.

이런 업체들을 담당하고 있는 영업부서와 기술부서 담당자들은 이 업체에 대한 스트레스가 상당하다는 것도 확인했습니다. 사실 직원들의 스트레스도 회사의 숨은 비용입니다. 반드시 지혜로운 부서장이라면 직원의 스트레스도 충분히 고려해 줘야 합니다.

나는 영업 이사를 설득하여 대상 업체들을 과감히 정리할 것을 요구하였습니다. 처음 영업부서 직원들과 대표이사는 모두 매출 실적이 감수한다고 극심하게 반대하였습니다.

나는 '기회 손실비용'의 문제로 이들을 설득하였습니다. 즉 그 업체에 대응하기 위한 인력 손실은 반대로 매출액도 크고 수익도 많은 다른 좋은 업체의 요청 업무를 방해하게 되는 문제입니다.

이후에 영업부서는 거래를 단절할 출구 전략을 수립했습니다. 공급을 갑자기 끊게 되면 거래 업체의 생존을 위협하는 상황이 되어 업계에 회사가 악덕 기업으로 소문날 가능성이 있습니다.

그래서 퇴출 시에 눈치 채이지 않도록 규모가 작은 경쟁사에 공급을 양보하는 식으로 빠져나오는 것입니다. 중소기업은 당장 매출 감소가 두려워 전략적 선택에 실패하는 경우가 많습니다.

이것도 관성의 법칙이 작용하는데 보통 중소기업은 창업 직후에는 거래처 확보가 가장 큰 지상 과업입니다. 자본을 투여하여 생산 설비를 갖추었으나 매출처가 많지 않아 고전합니다.

그러다 하나하나 매출처가 생기면서 사업이 안정되어 갑니다. 이런 이유로 대표들에게는 거래처 하나가 매우 중요한 것입니다. 그러나 매출액이 많이 늘어나면서 이야기가 달라집니다.

소위 신규거래처 영업과 기존 거래처 관리라는 속성이 다른 별개의 두 업무가 동시에 발생합니다. 이는 경쟁적으로 영업, 기술, 품질 관련 대고객 접점 부서의 인력을 많이 요구하게 됩니다.

따라서 선택과 집중을 하지 않고 주먹구구식으로 관리하면 인력 효율이 떨어집니다. 인당 생산성이 나빠지고 인건비는 계속 늘어납니다. 창업 초기보다 수익성은 훨씬 줄어듭니다.

이는 업무 효율성의 문제입니다. 실제로 매출액이 어정쩡한 중소기업을 보면 인력이 지나치게 많아 보일 때가 있습니다. 대기업과 매출액 대비 인력의 효율을 비교해보면 30%도 안 되는 기업도 있습니다. 한 명이 할 일을 세 명이 하는 것입니다.

이렇게 ABC 분석을 통해 문제를 처리하면서 발견되는 또 다른 문제가 있었습니다. '대표의 인맥'으로 거래되는 업체가 의외로 수익성이 낮다는 사실이 자주 결과로 나타납니다.

이들 업체는 대표와 직접 소통으로 원재료 가격정보를 잘 알고 가격 협상을 합니다. 게다가 대표가 가격을 결정해 버립니다. 이런 상황에는 가격 협상 같은 업무에 대표의 개입을 차단해야 합니다.

ABC 분석의 확장

ABC 분석 기법은 개발 과제 선정에서도 중요한 도구로 활용할 수 있습니다. 그리고 통계적 기법으로 우선순위를 정해야 하는 모든 과제에 대하여 ABC 분석은 쉽게 적용 가능한 도구입니다.

문제는 대부분 중소기업이 이런 분석의 가치를 알지 못하고, 분석할 생각도 하지 않고, 수행할 만한 여유 인력도 없다는 것입니다. 절대적으로 중요하지만, 내용을 잘 모르기 때문에 수행 못 하는 업무 중 하나입니다.

따라서 업무의 효율성을 위해 반드시 ABC 분석을 여러 업무에 활용하십시오. 이 분석 기법을 활용하면 생각보다 탁월한 효과를 느끼게 되실 것입니다.

황문선의 '억만장자로 이끄는 경영 혁신'
좋은 기업 이미지를 만들어라

당신 회사의 이미지는 어떤 모습입니까? 회사의 훌륭한 경영이념과 꿈 또는 비전은 대외적으로 잘 표현이 되고 있습니까? 회사 밖에서 보는 당신 회사의 모습은 어떻습니까?

당신의 회사는 구직자에게 취업하고 싶은 회사입니까? 신뢰할 만한 업체로 오랫동안 거래를 하고 싶은 회사입니까? 당신의 회사는 어떤 식으로든 좋은 관계를 맺고 싶은 회사입니까?

지금은 인터넷에 회사의 모든 정보가 노출되는 상황입니다. 따라서 당신의 회사와 관련된 모든 사람은 당신의 회사에 대해서 어떤 이미지를 가지고 있습니다.

이미지가 나쁠 경우 당신의 회사에 입지는 치명적일 수 있습니다. 경쟁사와의 시장 경쟁에서 뒷순위로 밀려날 수도 있습니다.

당신은 몇 가지 노력으로 좋은 회사의 이미지를 만들 수 있습니다. 그렇지만 중소기업 대부분은 회사의 이미지에 관해서 관심조차 없습니다. 좋은 회사 이미지라는 무형의 효과가 얼마나 경영에 크게 작용하는지 잘 알지 못합니다.

지금부터 당신은 회사의 이미지 만들기(image making)를 고민해야 합니다. 사람들의 머릿속에 훌륭한 회사로 이미지를 만들어가야 합니다.

이미지 메이킹의 사례

최 이사는 기획 담당 이사로 A 회사에 합류합니다. 최 이사는 여러 가지 혁신을 시도하는 중이며, 그중의 하나가 회사의 이미지 만들기입니다. 최 이사가 주목한 것은 해외 홍보입니다.

A 회사는 수출이 매출의 30%를 차지합니다. 그런데 A 회사는 규모가 작은데도 세계적 기업과 경쟁하는 상황입니다. 회사 인지도 때문에 해외 신규거래처와 미팅이 불편합니다.

고객에게 무시를 당하는 수준은 아니지만 대체로 회사 소개를 할 때 기업 규모 문제가 거래 관계에 상당한 영향을 끼칩니다.

특히 동남아에서는 한국 기업 제품이라고 하면 상당히 긍정적인 평가를 받습니다. 품질은 일본 유럽 등과 유사한 수준이고 가격은 이들보다 다소 저렴하다는 것이 이 시장의 중론입니다.

최근 활발하게 공략해 오는 중국보다 한국이 고객 응대가 빠르고 거래 전후 책임감 있게 임해준다는 호평도 얻고 있습니다. 그래서 기업 인지도만 있다면 성공적으로 거래를 할 수 있습니다.

해외도 최근 인터넷이 발달하여 스마트 폰으로 즉석에서 기업 이름을 검색해서 회사 정보를 파악합니다. 최 이사는 이런 추세를 간파하고, 회사 홍보 전략을 고민합니다.

최 이사의 전략은 잘 만들어진 회사 소개 자료를 발표하면서 그 자리에서 바로 홈페이지 검색을 권하는 것입니다. 고객은 그 자리에서 회사를 검색해 이미지를 확인하는 것입니다.

최 이사는 제품 카탈로그, 회사 소개용 PT, 홈페이지 개편 작업을 동시에 수행합니다. 전체 디자인 콘셉트를 '신기술과 친환경' 이미지로 구성합니다.

결과적으로 이 세 자료는 내용의 일관성을 유지하고 회사의 좋은 이미지를 표현해 줍니다. 수출 담당 이사는 이를 활용해 보고 나서 효과가 매우 좋다고 말합니다.

최 이사는 홈페이지에 노출되는 이미지와 검색 순위를 특별히 신경 써서 만듭니다. 개편 전 A 회사를 인터넷에서 검색하면 부정적인 콘텐츠가 많이 나옵니다.

검색 타이틀에는 '화학제품, 위험, 위험물' 같은 단어들이 다수 노출됩니다. 사진도 공사 현장 사진들이 걸려 있어 '위험한 일과 힘든 일'을 하는 것으로 보입니다.

최 이사는 이런 부정의 이미지들을 없애버립니다. 개편된 홈페이지는 '삶의 가치, 환경과 조화로운 세상, 미래 소재, 최고의 기술 수준, 동반 성장' 등의 단어가 노출되게 만듭니다.

친환경과 신기술 이미지를 잘 조합한 것입니다. 홈페이지 이미지 사진들도 멋진 건축물과 자동차 내부, 어린아이들 같은 친환경, 신기술이 먼저 떠오르는 것으로 배열합니다.

이미지가 경영에 미치는 영향

회사의 이미지가 경영에 영향을 끼치는 요소에는 다양한 항목들이 있습니다. 인재 확보, 거래처 홍보, 회사의 평판, 임직원 사기 또는 직원 가족들의 자부심 등입니다.

첫째, 최근에는 인재 확보 전쟁이라고 부를 만큼 기업들이 인재 경영에 관심이 많습니다. 그런데 반대로 구직자로서는 입사할 만한 회사가 없다고 합니다. 서로 맘에 들지 않는 것입니다.

회사가 인재를 구하기 힘든 것은 이해할 만합니다. 회사가 꼭 원하는 경력과 역량을 잘 갖춘 인재는 찾기 드물기 때문입니다. 그러나 반대로 구직자도 입사하고 싶은 회사가 별로 없습니다.

구직자의 마음을 끄는 회사가 없기 때문입니다. 그래서 어떤 이미지의 회사인가가 구직 정보에 큰 영향을 줍니다. 회사의 규모가 작을수록 이는 크게 작용합니다.

둘째, 거래처 홍보는 아무리 충분히 해도 모자랍니다. 홍보에는 회사의 평판이 긍정적으로 작용하는지, 부정적으로 작용하는지 이미지 만들기가 매우 중요합니다. 바로 매출이 달라집니다.

 셋째, 이미지는 임직원의 사기와 가족들의 자부심, 직원들의 동기부여에 엄청난 영향을 끼칩니다. 예를 들어 직원이 회사에 불만이 생겨 퇴근하고 집에 와서 불평한다고 가정합니다.

 가족들이 "그래, 그런 회사 그만둬"라고 말하는 것과 "규모는 작지만 나름 괜찮은 회사인데, 참아 봐"라고 말하는 것은 큰 차이가 있습니다. 당신도 '그런 회사'로 이미지를 만들면 안 됩니다.

혁신적인 이미지 만들기 비법

 이런 회사의 이미지 만들기는 방법에 따라 그 차이를 확실하게 합니다. 나는 지혜로운 이미지 만들기 방법을 제안합니다.

 첫째 전략은 바로 '시각을 미래에 두는 것'입니다. 당신의 회사를 10년 후 성공한 회사로 가정을 합니다. 그리고 10년 후의 성공한 이미지를 상상하여 현재의 기업 이미지를 포장하는 것입니다.

 단지 10년이라는 시간의 편차만 있을 뿐이라고 보면 됩니다. 당연히 당신의 회사는 중간 과정을 밟아 그렇게 성장하고 발전하여 지금 이미지 만들기를 해 놓은 그 회사로 성장할 것입니다.

 이렇게 10년 후 성공한 이미지를 만들기 위해서는 현재 회사의 상황을 놓고 성장의 지향점을 그 방향으로 잡아야 합니다. 임직원 모두가 바라는 꿈을 담아 멋진 비전도 만들어야 합니다.

둘째 전략은 정확히 '시각화'입니다. 회사가 명확한 이미지로 사람들에게 떠오르지 않는다면 이미지 만들기 노력이 실패한 것입니다. 당신의 회사가 기억에 남도록 이미지를 만들어야 합니다.

이를 위한 좋은 방법은 경쟁사의 잘된 것들을 참조하거나 유사 업종의 다국적 대기업들이 어떤 이미지를 만들어 가는지 벤치마킹 하는 것도 하나의 중요한 전략입니다.

특히 이런 이미지를 잘 만들어가는 회사로 자동차 회사나 나이키, 아디다스 같은 스포츠용품 회사, 그리고 삼성, LG, 애플, 구글, 마이크로소프트 같은 IT 업종 회사 등이 있습니다.

이들의 홍보 자료나 홈페이지를 참고해서 전략적으로 이미지 만들기를 하십시오. 이런 회사 몇 개를 보면 대략의 추세가 잡힐 것입니다. 그러면 당신의 회사에 맞춰 시각화하시기 바랍니다.

황문선의 '억만장자로 이끄는 경영 혁신'
천재적으로 사업기회를 찾아라

현재 당신이 팔고 있는 제품은 10년 후에도 여전히 잘 팔릴 제품입니까? 내가 보는 기준으로는 당신의 제품은 미래에 사라질 가능성이 매우 큽니다. 당신은 미래 '전략 제품'을 준비해야 합니다.

대부분 중소기업이 처한 문제는 당장 내일 팔 제품마저도 없다는 것입니다. 이렇게 단언하면 중소기업 관련자 대부분이 말도 안 되는 소리라고 나를 힐난할지도 모르겠습니다.

나에게 "현재 발생하고 있는 매출은 뭐냐?"고 따질 것입니다. 하지만 나는 강조하기 위해 조금은 과장된 표현을 썼을 뿐입니다.

이 판단이 맞는다는 것을 증명해 보이겠습니다. 먼저 고객의 입장을 고려해 봅니다. 당신이 팔고 있는 제품은 고객으로서는 '최선'이 아니라 '차악'일 가능성이 큽니다.

현재의 제품은 미래가 없다

고객은 완벽하게 만족스러운 입장에서 당신의 제품을 사고 있지는 않습니다. 딱히 대안이 없어서 당신의 제품을 쓰고 있는 것입니다. 그러나 인간의 욕심은 끝이 없습니다.

그래서 항상 새로운 시장은 끊임없이 열려 있는 것입니다. 이런 사례는 매우 많습니다. 지금은 필름 카메라 시장이 없어지고 디지털카메라가 이를 대체하고 있습니다. 필름 카메라 시장이 활황일 때 이런 상황을 누가 예측이나 했을까요?

당신의 제품 시장을 봐도 마찬가지입니다. 만약 당신이 파는 제품보다 가격과 품질이 조금만 좋은 제품이 있으면 고객은 언제든 마음을 바꿀 것입니다. 어쨌든 시장에서 제품은 넘쳐납니다.

지금 당신의 제품이 현재는 최고의 제품이라고 해도 당장 내일은 어떻게 될지 알 수 없습니다. 그래서 당신은 끊임없이 고객을 만족시킬 제품을 새롭게 개발하여 출시해야 합니다.

제품은 현재가 기준이 아니고 항상 미래가 기준입니다. 현재 매출 제품들이 기술과 품질, 가격경쟁력을 따져볼 때 미래에도 잘 팔릴지는 알 수 없습니다. 그래서 당신은 팔 제품이 없는 것입니다.

심지어는 경쟁 제품이 아니라 전혀 다른 범주의 제품이 당신의 시장을 밀고 들어올 수도 있습니다. 유사 기능을 가진 대체품이 당신 제품의 시장을 어떻게 치고 들어올지 모릅니다.

이런 사례로 나이키와 닌텐도를 거론합니다. 나이키는 한때 가장 위험한 경쟁 상대를 닌텐도로 보았습니다. 그 이유는 실외 활동의 잠식에 대해 우려 때문입니다.

닌텐도는 게임팩을 판매하므로 게임에 심취한 청소년들이 실외 활동을 줄이게 되고, 이 때문에 청소년 중심의 스포츠화 시장이 큰 폭으로 줄어들게 된다는 논리입니다.

이렇게 '놀이 또는 활동'을 매출과 시장의 핵심으로 보는 제품의 분류는 닌텐도 게임과 스포츠화가 정확히 같은 영역의 시장에서 경쟁적 관계를 형성하는 것입니다.

이런 이유를 근거로 영상 통화와 항공 운수업이 또한 경쟁 관계가 될 수 있습니다. 즉 '장거리 소통'이라는 키워드로 보면 같은 두 업종은 같은 영역입니다.

사업의 정의를 바꾼 사례

내가 대기업에 근무할 때의 일입니다. 경영진이 '화학사업부'의 미래 비전을 재설정하라고 기획과 개발 부서에 임무를 부여했습니다. 담당자들은 '소재 사업'이라는 키워드를 끌어냈습니다.

이는 매우 번득이는 발상의 전환입니다. 화학 사업과 소재 사업은 들려오는 어감이 매우 다릅니다. 우리는 언제부터인가 '화학 사업'은 다소 위험한 것으로 단어를 인식하고 있습니다.

반면에 '소재'라는 단어는 신소재라는 단어로 변신하여 미래 희망의 메시지를 가지고 있습니다. 회사는 이런 긍정 메시지의 '소재 사업'을 미래의 비전으로 설정했습니다.

회사는 이 같은 소재 사업의 범주에 3M이나 헨켈, 랑세스라는 메이저 회사를 포함합니다. 그래서 회사는 이들과 어깨를 나란히 하는 '미래의 소재 메이커'로 비전으로 설정한 것입니다.

여기서 '소재'를 어떤 시각으로 볼 것인가가 중요합니다. '소재'와 한 묶음의 단어는 '응용'이 될 것입니다. 당신이 만약 하나의 소재를 보유하고 있으면, 다양한 소재응용이 가능합니다.

소재는 다양한 제품의 형태로 가공됩니다. 소재기술은 원천 기술이 되고, 소재기술을 확장해가면 무궁무진한 응용기술이 됩니다. 소재라는 단어 속에 폭발적인 확장성을 지니는 것입니다.

예를 들어 스펀지라는 소재가 있으면 의자, 침대, 차, 의류, 선박, 기차, 항공기, 제품 포장, 의료 장비, 창상 밴드, 전자 제품의 내부 보호 쿠션 등 응용 제품은 수백만 개가 나옵니다.

이런 응용 제품 하나하나가 개별적으로 다 새로운 시장이 되는 것입니다. 이렇게 '스펀지 소재'라는 원천 기술의 확장성은 시작부터 엄청난 폭발력을 지니는 것입니다.

쉽게 이해하는 원천 기술의 사례

당신은 어떤 원천 기술을 가지고 있습니까? '원천 기술'을 어렵게 생각하지만 별로 어렵지 않습니다. 단순히 당신의 제품을 왜 고객이 사용하고 있는지만 파악해도 원천 기술이 나옵니다.

그 이유가 품질 차이라면 우리는 품질 차이를 주는 기술들을 꼭 찍어낼 수 있습니다. 그것을 학술적으로 '요소기술'이라고 합니다. 이 요소기술을 원천 기술로 볼 수도 있습니다.

이런 원천 기술의 사례를 쉽게 설명해 보겠습니다. 내가 해외 출장 중에 비행기 옆 좌석에서 만난 어떤 사람은 발효 전문가였습니다. 이분이 가진 원천 기술은 바로 '발효기술'입니다.

당시 그분이 연구 중인 것은 해조류를 발효시키는 것이었습니다. 해조류를 발효시켜 바이오 에너지 같은 기름도 얻고, 사람에게 유익한 영양 성분도 얻는 것이었습니다.

이분의 주장을 통해 확인한 것은 어떤 유기물이든지 발효하는 과정을 거치면 독창적인 상업성을 가질 수 있다는 것입니다. 이분은 쑥과 인삼의 발효를 예로 들어 설명하였습니다.

쑥은 인체에 좋은 약리작용이 있으나 그냥 생으로 먹으면 독이 좀 있다는 것입니다. 그러나 어떤 효모를 넣어 발효를 시키게 되면 독이 상당히 중화된다고 합니다.

덧붙여 이해를 돕기 위해 바로 홍삼 이야기를 하였습니다. 홍삼은 인삼을 특정 효모에 발효시킨 것이라고 합니다. 인삼을 발효를 시키면 인삼의 독성을 중화해줍니다.

그리고 약리작용을 주는 특정 성분이 인체에 유익한 구조로 변화합니다. 더구나 체내에 흡수도 빨라져 약리작용이 강화된다는 것입니다. 매우 설득력 있는 주장이었습니다.

당신의 원천 기술을 끌어내라

이렇게 당신도 당신의 회사가 가진 원천 기술을 끌어내야 합니다. 원천 기술을 끌어내어 스펀지처럼 확장하고 융복합해야 합니다. 그렇게 확장된 제품으로 끊임없이 사업을 확장해가야 합니다.

일반 사람들에게는 혁신 제품은 복잡하고 큰 프로젝트를 수행해야 나오는 것이라고 착각하는 경우가 많습니다. 그러나 때때로 눈치채지 못할 만큼 작은 변경이 혁신으로 나올 수도 있습니다.

"에이, 그게 뭐가 혁신이야?"라고 말할 수도 있습니다. 그러나 사업가인 당신은 생각을 바꿔야 합니다. 그렇게 평가절하를 받더라도 정체해 있는 것보다 열심히 작은 변화라도 추구해야 합니다.

오히려 작은 변화 하나하나가 누적되어 오랫동안 쌓여서 오는 변화가 더 크게 시장에 영향을 줍니다. 보통 시장에 갑자기 나타나는 대박 상품은 경험에 비추어보면 쉽게 존재하지 않습니다.

훌륭한 박사나 천재 과학자가 오랜 세월 연구해 온 결과물이 기술적으로 축적되어 세상 밖으로 나온 경우를 제외하고는 기술개발에 의한 대박 아이템은 거의 존재하지 않습니다.

애플이 아이팟에 이어 아이폰을 출시했을 때, 이제까지 지구상에 존재하지 않았던 기술을 적용한 제품이라고 생각하는 사람은 아무도 없었습니다.

 아이팟과 아이폰은 기술의 융복합일 뿐입니다. 두 제품 모두 스티브 잡스의 '버튼 공포증'이 없었다면 불가능한 디자인의 혁신 제품입니다. 기술적으로는 새로울 것이 거의 없는 제품입니다.

 그렇다고 해서 절대로 평가절하해서는 안 됩니다. 이들 제품은 '혁신'이라는 단어를 사용하는 데 전혀 지장이 없을 만큼 인간의 문명에 혁명적인 변화를 가져왔습니다.

 이는 애플의 스티브 잡스가 끊임없이 새로운 사업기회를 찾기 위해 노력한 결과물이라고 생각합니다. 매킨토시 같은 인기 없는 제품을 팔던 애플에 스티브 잡스는 혁신을 선물해 주었습니다.

 당신의 제품에 대한 확장성은 어떻습니까? 당신은 회사의 제품과 연관된 새로운 시장이 없을 것으로 생각합니까? 시장은 있는데, 당신은 그 시장을 보지 못하고 있다고 생각하지는 않습니까?

 내가 보기에는 당신이 그 시장을 가장 잘 볼 수 있는 사람입니다. 이제까지 당신은 시장을 넓게 보려고 노력하지 않았습니다. 하지만 지금부터는 당신이 가진 제품의 확장성으로 끊임없이 새로운 사업기회를 모색하십시오. 전후방으로, 종횡으로 확장하십시오.

[감사의 글]

감사의 마음

나는 여행을 좋아합니다. 하지만 나 홀로 여행은 좋아하지 않습니다. 누가 내 옆에서 흔쾌히 나와 같이 여행을 가주겠다고 하면 나는 가볍게 여행을 출발할 것 같습니다.

인생을 살아오면서도 이와 비슷하다고 생각합니다. 인생도 여행입니다. 인생이라는 여행도 혼자 할 수는 없습니다. 여행의 출발부터 과정까지 항상 동반자가 필요합니다.

그래서 가족과 이웃, 친구와 동료 모두가 인생이라는 여행을 함께합니다. 이들은 나를 인생 여행의 주인공으로 만들어 줍니다. 인생 여행의 여정에서 험로와 꽃길을 나와 동행합니다.

이들과 함께하는 나의 인생 여행은 행복하고 즐겁고 가치 있는 여행입니다. 나는 책을 쓰면서 내 인생의 여정을 생각해 봅니다. 그리고 인생 여행을 함께 하는 이들에게 감사의 마음을 느낍니다.

여행의 출발점에서 나를 존재하게 해주신 부모님에게 우선 감사드립니다. 나와 가족으로 만나 여행 초기부터 나와 같이 있어 준 형제자매와 친척들에게도 감사합니다.

나와 같이 성장한 사람들, 나와 같이 공부한 친구들, 나와 같이 사회에서 생활한 동료들에게도 감사합니다. 나를 지혜로운 삶으로 이끌어준 친구이자 멘토에게도 감사합니다.

내가 책을 쓸 때 많은 지혜로운 조언을 아낌없이 해주신 열정 그룹 회장님에게도 특별히 감사의 마음을 전합니다. 나를 믿고 도와주신 내 주변의 모든 이에게 진심으로 감사합니다.

항상 나를 믿고 사랑해주는 아내와 내 인생의 선물로 온 사랑스러운 두 공주님에게도 진심으로 감사합니다.

모두 감사합니다. 그리고 사랑합니다.

억만장자로 이끄는 경영혁신

초판 1쇄 인쇄 | 2019년 6월 24일
초판 1쇄 발행 | 2019년 6월 28일

지은이 | 황문선
발행인 | 황문선
발행처 | 건우미디어
등록일 | 2019년 5월 14일 제2019-000086호
주소 | 경기도 고양시 일산서구 일산로 612, 603동 702호
전화 | 010-4713-2353, 010-7913-3937
메일 | hms706@naver.com

본 제작물의 저작권은 '건우미디어'가 소유하고 있습니다.
저작권법에 따라 한국 내에서 보호를 받는 저작물이므로
무단 전재와 무단 복제를 금합니다.

ISBN 979-11-967197-0-8 (03320)

책값 2만 원